# Das Übungsheft 2
## Mathematik

Denk- und Rechentraining



Name: ______________________________

Klasse: __________

| Rechenmeister | Seite | Datum | Anzahl der richtig gelösten Aufgaben |
|---|---|---|---|
| 1 | 12 | | |
| 2 | 28 | | |
| 3 | 42 | | |
| 4 | 55 | | |
| 5 | 68 | | |
| 6 | 81 | | |
| Der große Knobelmeister | 83 | | |

Urkunden zum Ausdrucken → www.mbverlag.de/urkunde2

Mildenberger

**1**

| + | 3 | 5 |
|---|---|---|
| 1 | 4 | |
| 11 | | |

**2**

| − | 1 | 3 |
|---|---|---|
| 9 | 8 | |
| 19 | | |

**3**

| + | 1 | 2 |
|---|---|---|
| 7 | | |
| 8 | | |

**4**

| − | 1 | 2 |
|---|---|---|
| 2 | | |
| 3 | | |

**5**

| + | 3 | 4 |
|---|---|---|
| 1 | | |
| 5 | | |

**6**

| − | 1 | 3 |
|---|---|---|
| 10 | | |
| 11 | | |

**7**

| + | 1 | 2 |
|---|---|---|
| 12 | | |
| | 14 | |

**8**

| − | 5 | |
|---|---|---|
| 7 | | 0 |
| 8 | | |

**9**

zusammen

**1**

6 − 2 =
16 − 2 =

8 − 3 =
18 − 3 =

4 − 2 =
14 − 2 =

9 − 5 =
19 − 5 =

**2**

6 + 4 =
16 + 4 =

2 + 8 =
12 + 8 =

3 + 6 =
13 + 6 =

5 + 3 =
15 + 3 =

**3**

8 − 2 =
18 − 2 =

7 + 1 =
17 + 1 =

6 − 4 =
____________

3 + 5 =
____________

**4**

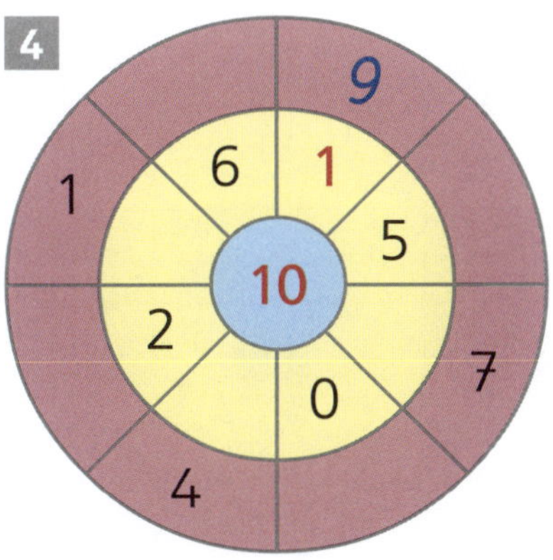

**5**

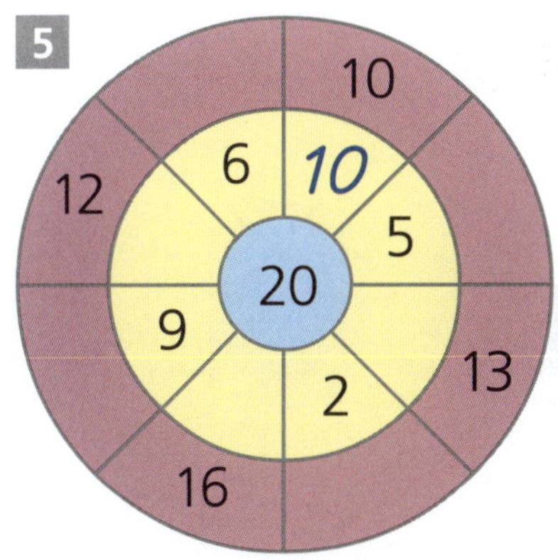


**6**

zusammen

**1** bis **3** Analogieaufgaben **4** und **5** Rechenräder
Erfinde selbst eine Aufgabe.

**1**

| + | 1 | 2 |
|---|---|---|
| 2 | 3 | |
| 11 | | |
| 5 | | |
| 13 | | |
| 18 | | |
| 9 | | |

**2**

| + | 1 | 2 |
|---|---|---|
| 10 | | |
| 17 | | |
| 8 | | |
| 14 | | |
| 19 | | |
| 15 | | |

**3**

| + | 3 | 5 | 10 |
|---|---|---|---|
| 3 | | | |
| 15 | | | |
| 0 | | | |
| 10 | | | |
| 7 | | | |
| 9 | | | |

**4** △

| − | 1 | 2 |
|---|---|---|
| 10 | | |
| 8 | | |
| 11 | | |
| 15 | | |
| 1 | | X |
| 19 | | |

**5**

| − | 1 | 2 |
|---|---|---|
| 7 | | |
| 20 | | |
| 9 | | |
| 12 | | |
| 17 | | |
| 6 | | |

**6** △

| − | 3 | 5 | 10 |
|---|---|---|---|
| 10 | | | |
| 5 | | | |
| 20 | | | |
| 8 | | | |
| 15 | | | |
| 13 | | | |

**7**

| | | |
|---|---|---|
| | 20 | |
| | 8 | |
| 8 | 4 | 4 |

**8**

| | | |
|---|---|---|
| | 18 | |
| 11 | | |
| 7 | | 3 |

**9**

| | | | |
|---|---|---|---|
| | 19 | | |
| | | | |
| 6 | 3 | | |
| 5 | 1 | 2 | 5 |

**10**

| | | | |
|---|---|---|---|
| | 20 | | |
| | | | |
| | | | |
| 6 | 1 | 0 | |



△ Mache ein X, wenn eine Aufgabe nicht lösbar ist.
**7** bis **10** Rechenmauern

**1**

4 + 5 =
14 + 5 =

4 + 6 =
14 + 6 =

5 + 2 =
15 + 2 =

7 + 2 =
17 + 2 =

2 + 6 =
12 + 6 =

**2**

6 − 3 =
16 − 3 =

9 − 2 =
19 − 2 =

5 − 3 =
15 − 3 =

8 − 4 =
18 − 4 =

10 − 5 =
20 − 5 =

**3**

8 + 2 =
18 + 2 =

9 − 6 =
19 − 6 =

4 + 4 =
14 + 4 =

____________
17 − 3 =

____________
19 + 1 =

**4**

zusammen

**5** △

| − | | 5 | 6 | | 8 | 10 | 9 | 7 | 12 | 15 | 20 |
|---|---|---|---|---|---|---|---|---|---|---|---|
| 15 | 12 | | | 15 | | | | | | | |
| 20 | | | | | | | | | | | |

**1** bis **3** Analogieaufgaben ✏ Erfinde selbst eine Aufgabe.
△ Mache ein ✕, wenn eine Aufgabe nicht lösbar ist.

**1**

7 + 7 =

7 + 8 =

4 + 4 =

4 + 5 =

8 + 8 =

8 + 9 =

6 + 6 =

6 + 7 =

5 + 5 =

5 + 6 =

**2**

18 − 9 =

18 − 8 =

12 − 6 =

12 − 5 =

14 − 7 =

14 − 6 =

16 − 8 =

16 − 7 =

20 − 10 =

20 − 9 =

**3**

6 + 6 =

6 + 5 =

9 + 9 =

9 + 8 =

5 + 5 =

5 + 4 =

7 + 7 =

____________

8 + 8 =

____________

**4**

| + | 5 | 3 |
|---|---|---|
| 2 | | |
| 12 | | |
| 4 | | |
| 14 | | |
| 1 | | |
| 11 | | |
| 3 | | |
| 13 | | |
| | 10 | |
| | 20 | |

**5** △

| − | 2 | | 8 |
|---|---|---|---|
| 6 | | 2 | |
| 16 | | | |
| 4 | | | |
| 14 | | | |
| 7 | | | |
| 17 | | | |
| | 7 | | |
| 19 | | | |
| | 3 | | |
| | 13 | | |

**6**

| + | 2 | 4 | |
|---|---|---|---|
| 6 | | | 6 |
| 16 | | | 16 |
| 3 | | | 3 |
| 13 | | | |
| 0 | | | |
| 10 | | | |
| 4 | | | |
| 14 | | | |
| | 4 | | |
| | 14 | | |



**1** bis **3** Nachbaraufgaben **4** bis **6** Analogieaufgaben in Tabellen
△ Mache ein X, wenn eine Aufgabe nicht lösbar ist.

**1**

7 + 3 =

7 + 4 =

5 + 5 =

5 + 6 =

8 + 2 =

8 + 3 =

4 + 6 =

4 + 7 =

9 + 1 =

9 + 2 =

**2**

14 − 4 =

14 − 5 =

17 − 7 =

17 − 8 =

13 − 3 =

13 − 4 =

18 − 8 =

18 − 9 =

12 − 2 =

12 − 3 =

**3**

12 − 6 =

13 − 6 =

18 − 9 =

19 − 9 =

16 − 8 =

17 − 8 =

14 − 7 =

______________

20 − 10 =

______________

**4**

| − | 8 | 9 |
|---|---|---|
| 18 | | |
| 19 | | |
| 16 | | |
| 17 | | |
| 14 | | |
| 11 | | |
| 12 | | |
| 20 | | |
| | 7 | |
| | 5 | |

**5**

| + | | 9 | 10 |
|---|---|---|---|
| 0 | 7 | | |
| 3 | 10 | | |
| 10 | | | |
| 4 | | | |
| 5 | | | |
| 11 | | | |
| 7 | | | |
| | | | 16 |
| | | 18 | |
| | 15 | | |

**6** △

| − | 6 | |
|---|---|---|
| 17 | | 10 |
| 6 | | |
| 18 | | 11 |
| 19 | | |
| 14 | | |
| 15 | | |
| 20 | | |
| 11 | | |
| | 10 | |
| | 6 | |

**1** bis **3** Nachbaraufgaben
△ Mache ein X, wenn eine Aufgabe nicht lösbar ist.

**1**

2 + 10 = 
10 + 2 = 

5 + 10 = 
10 + 5 = 

7 + 10 = 
10 + 7 = 

0 + 10 = 
10 + 0 = 

**2**

3 + 10 = 
10 + 3 = 

8 + 10 = 
10 + 8 = 

1 + 10 = 
10 + 1 = 

5 + 10 = 
____________

**3**

4 + 10 = 
10 + 4 = 

9 + 10 = 
10 + 9 = 

6 + 10 = 
____________

10 + 10 = 
____________

**4**

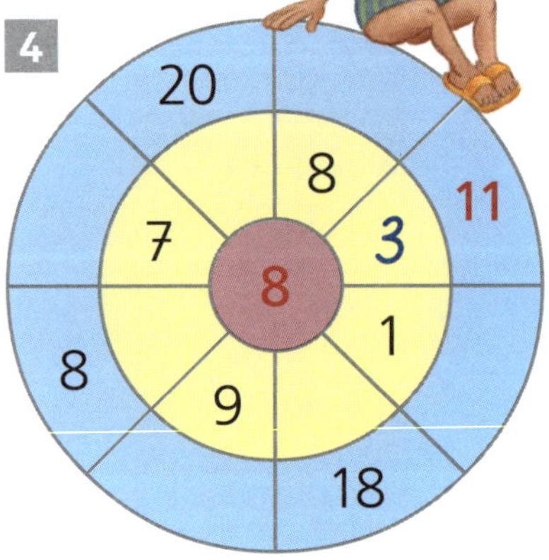


**5**

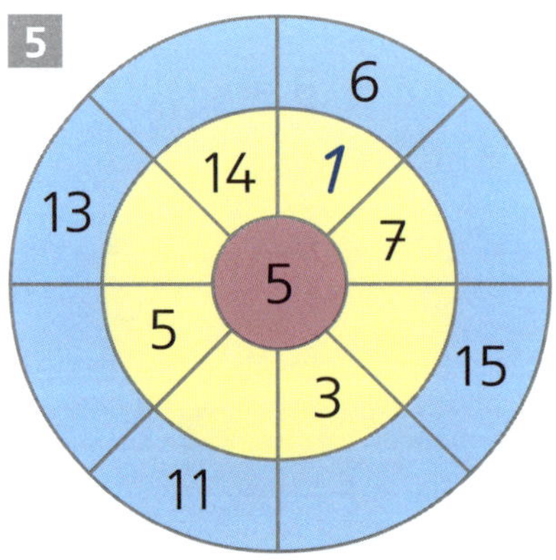


**6**

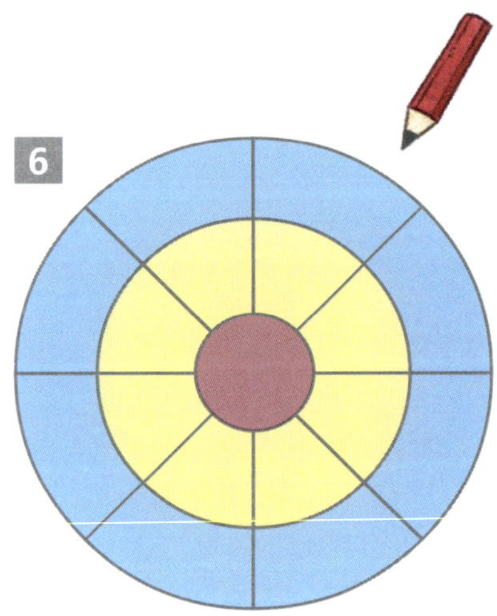

**8**

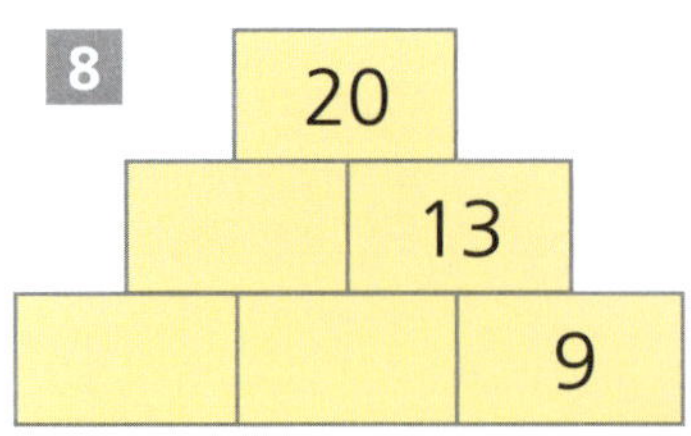


**7**

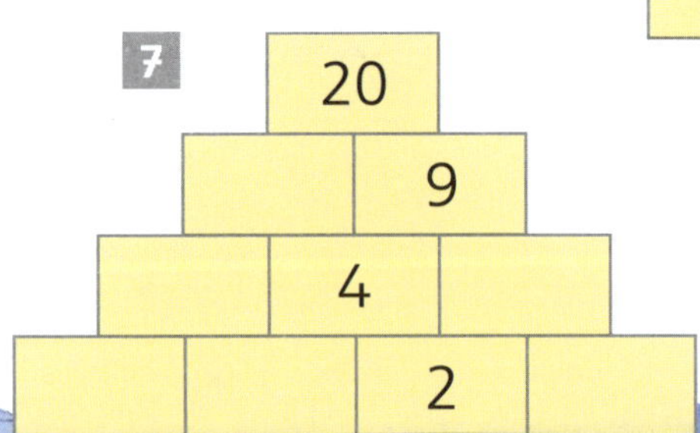


**9**

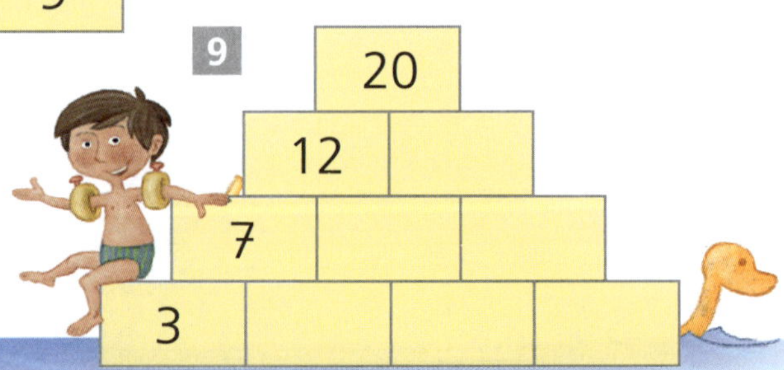




**1** bis **3** Tauschaufgaben
Erfinde selbst eine Aufgabe.

| A | B | C | E | F | G | H | I | L | O | S | T | U | V |
|---|---|---|---|---|---|---|---|---|---|---|---|---|---|
| 0 | 1 | 3 | 6 | 7 | 8 | 9 | 10 | 12 | 15 | 17 | 18 | 19 | 20 |

| | | |
|---|---|---|
| 6 + 0 = | 11 + 4 = | 11 − 2 = |
| 1 + 9 = | 18 − 11 = | 0 + 0 = |
| 14 + 3 = | 0 + 18 = | 14 + 5 = |
| 19 + 1 = | 11 − 11 = | 20 − 19 = |
| 18 − 3 = | 2 + 17 = | 16 − 10 = |
| 4 + 4 = | 1 + 16 = | 11 + 8 = |
| 20 − 14 = | 20 − 3 = | 1 + 17 = |
| 8 + 4 = | 19 − 16 = | 10 − 4 = |

Der ________ sitzt ___ am Ufer eines Gewässers und hält ________ nach _____.

**1**

12 − 10 = ___
___ + 10 = 12

20 − 10 = ___
___ + 10 = 20

15 − 10 = ___
___ + 10 = 15

10 − 10 = ___
___ + 10 = 10

**2**

16 − 10 = ___
___ + 10 = ___

13 − 10 = ___
___ + 10 = ___

17 − 10 = ___
___ + 10 = ___

12 − 10 = ___
______________

**3**

18 − 10 = ___
___ + 10 = ___

14 − 10 = ___
___ + 10 = ___

19 − 10 = ___
______________

11 − 10 = ___
______________

**4**

**5**

___ + 3 = 11
11 − 3 = ___

**6**

15 − ___ = 9
9 + ___ = 15

**7**

8 + ___ = 14
14 − ___ = 8

**8**

| | | | | | | |
|---|---|---|---|---|---|---|
| | | | ___ | | | |
| | | ___ | | 9 | | |
| | 4 | | 5 | | ___ | |
| ___ | | 1 | | ___ | | ___ |

**9**

| | | | | | | |
|---|---|---|---|---|---|---|
| | | | 20 | | | |
| | | ___ | | 9 | | |
| | ___ | | ___ | | 3 | |
| ___ | | ___ | | ___ | | 2 |



**1** bis **3** und **5** bis **7** Umkehraufgaben

**1**

3 14 17

3 + 14 = 17

14 + 3 = 17

17 – 14 =

17 – 3 =

**2**

11 9 20

11 + 9 =

9 + 11 =

20 – 9 =

20 – 11 =

**3**

13 5 8

13 – 5 =

13 – 8 =

8 + 5 =

5 + 8 =

**4**

16 10 6

16 – 10 =

16 – =

6 + =

\+ =

**5**

8 + ☐ = 12
12 – 8 = ☐

9 + ☐ = 17
17 – 9 = ☐

7 + ☐ = 15
15 – 7 = ☐

3 + ☐ = 11
11 – 3 = ☐

**6**

☐ + 6 = 12
12 – 6 = ☐

☐ + 5 = 11
11 – 5 = ☐

☐ + 8 = 14
14 – 8 = ☐

☐ + 9 = 13
13 – 9 = ☐

**7**

16 – ☐ = 9
16 – 9 = ☐

14 – ☐ = 5
14 – 5 = ☐

15 – ☐ = 7
15 – 7 = ☐

12 – ☐ = 4
12 – 4 = ☐

**1** bis **4** Aufgabenfamilien (Tausch- und Umkehraufgaben)
**5** und **6** Umkehraufgaben **7** Tauschaufgaben

# Der 1. Rechenmeister

**1**
3 + 2 = ___
13 + 2 = ___

2 + 6 = ___
12 + 6 = ___

**2**
7 + 3 = ___
17 + 3 = ___

5 + 4 = ___
15 + 4 = ___

**3**
1 + 5 = ___
11 + 5 = ___

2 + 7 = ___
12 + 7 = ___

**4**
7 − 3 = ___
17 − 3 = ___

5 − 5 = ___
15 − 5 = ___

**5**
8 − 6 = ___
18 − 6 = ___

10 − 9 = ___
20 − 9 = ___

**6**
4 − 3 = ___
14 − 3 = ___

9 − 8 = ___
19 − 8 = ___

**7**
6 + 6 = ___
5 + 6 = ___

18 − 9 = ___
19 − 9 = ___

**8**
7 + 7 = ___
7 + 8 = ___

14 − 7 = ___
14 − 6 = ___

**9**
8 + 8 = ___
9 + 8 = ___

16 − 8 = ___
16 − 9 = ___

**10**
___ + 7 = 12
12 − 7 = ___

**11**
5 + ___ = 14
14 − 5 = ___

**12**
15 − ___ = 7
15 − 7 = ___

**13**

**14**

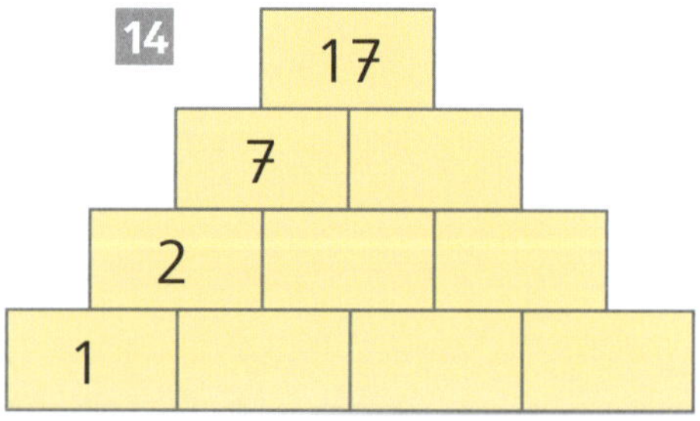




Du hast ___ von 54 Aufgaben richtig gelöst.
Urkunde zum Ausdrucken → www.mbverlag.de/urkunde2

# Rund um die Mathematik

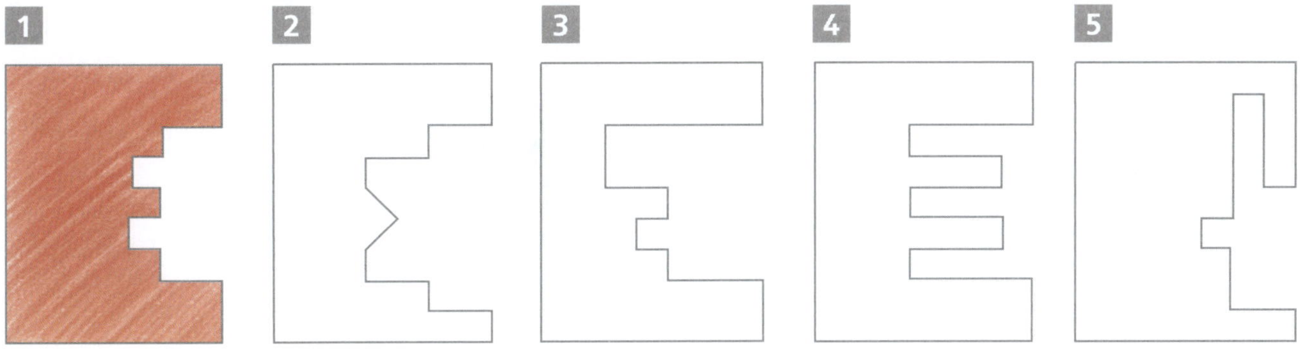


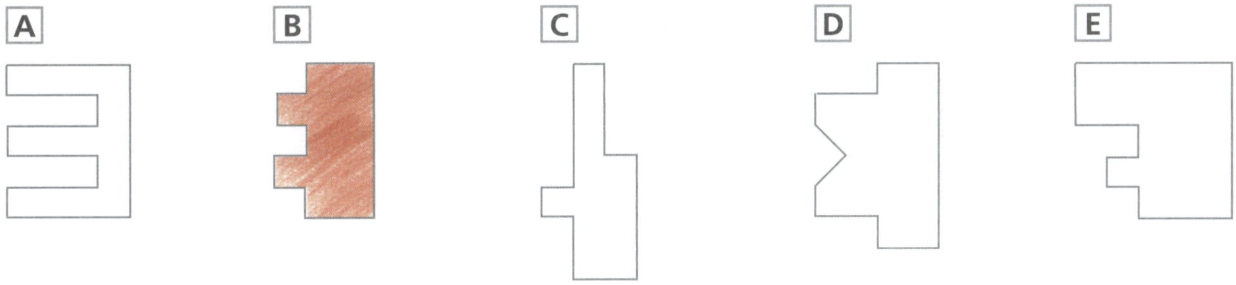


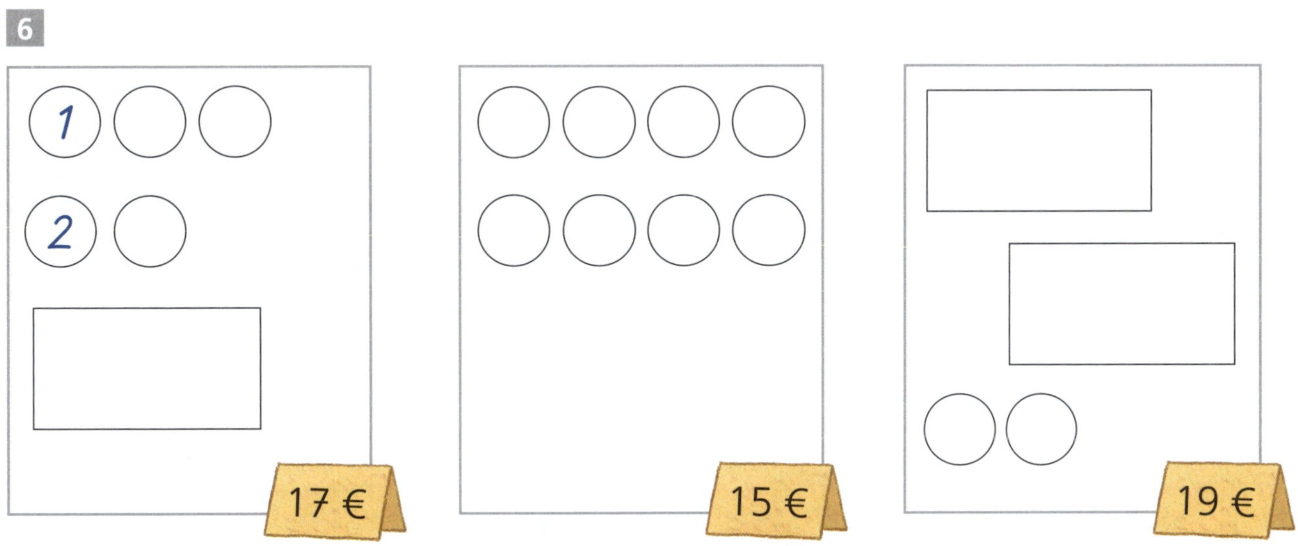


**7**

+3 +0 +3

| | | | | | | | | | | | |
|---|---|---|---|---|---|---|---|---|---|---|---|
| 0 | 3 | 3 | 6 | 6 | 9 | | | | | | 18 |

**8**

−5 +2

| | | | | | | | | | | | |
|---|---|---|---|---|---|---|---|---|---|---|---|
| 20 | 15 | 17 | 12 | | | | | | | | 0 |

**1** bis **5** Zusammengehörende Teile in der gleichen Farbe färben
**6** Werte in Münzen und Scheine eintragen. **7** und **8** Zahlenfolgen fortsetzen

**1**

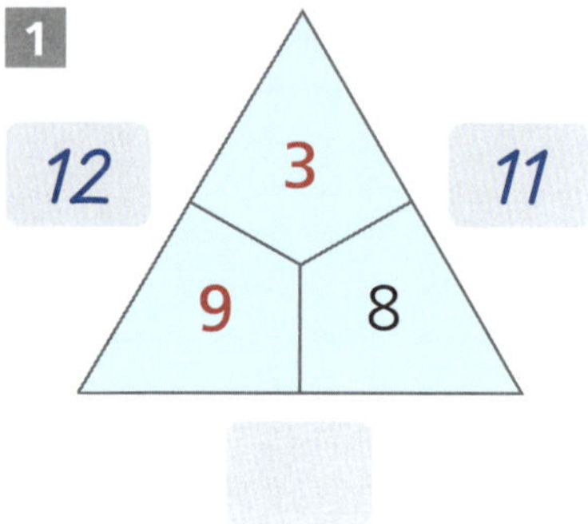

**2**

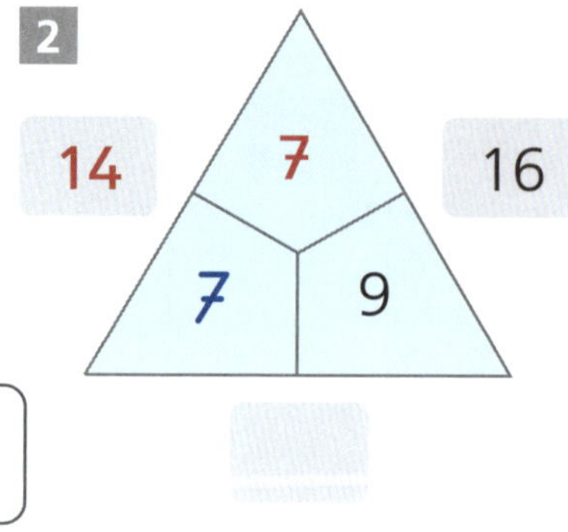


**3**

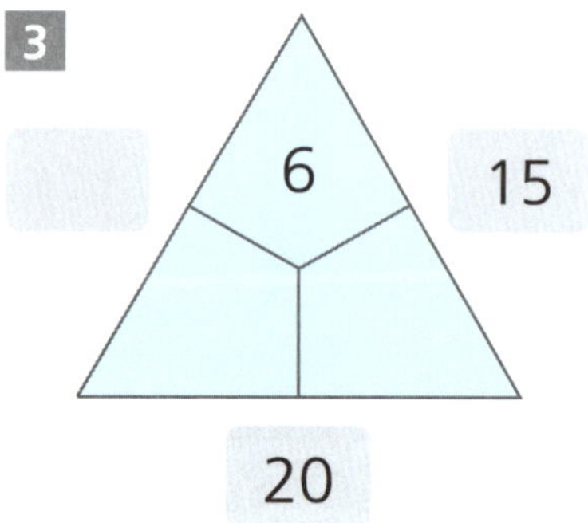


**4**

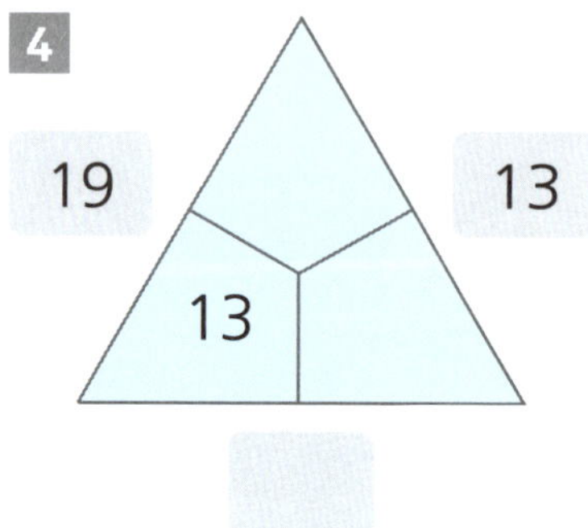


**5**

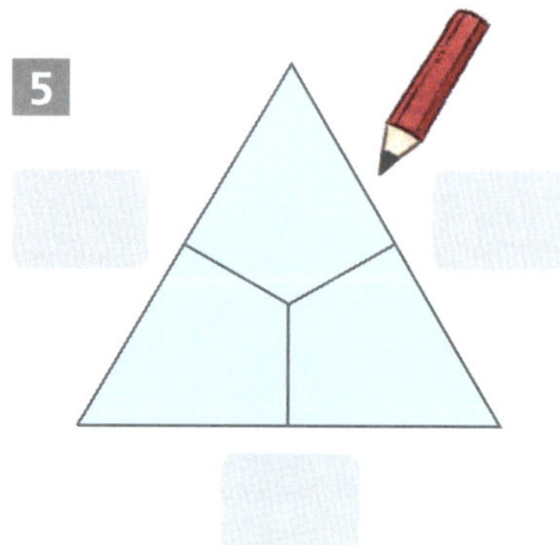

**6**

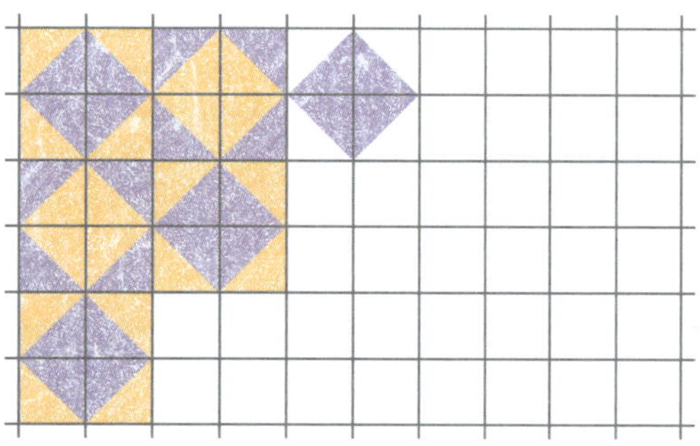

**7**

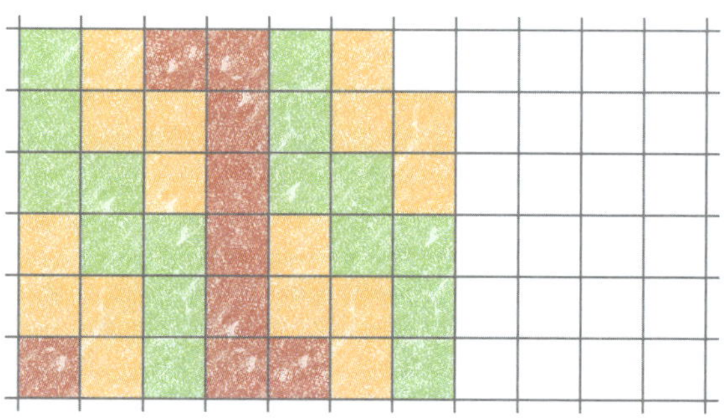

**8**

Jannik hat 3 € weniger als Anna.
Clara hat 3 € mehr als Leon.
Leon hat 10 € mehr als Jannik.



**1** bis **5** Rechendreiecke **6** und **7** Muster fortsetzen
**8** Geldbeträge berechnen ✏ Erfinde selbst eine Aufgabe.

**1**

| | | | | |
|---|---|---|---|---|
| 17 | + | 3 | = | |
| 20 | − | 4 | = | |
| 16 | + | 3 | = | |
| 19 | − | 4 | = | |
| 15 | + | 3 | = | |
| 18 | − | 4 | = | |
| | + | | = | |
| | − | | = | |
| | + | | = | |
| | − | | = | |
| | + | | = | 15 |

**2**

| | | | | |
|---|---|---|---|---|
| 2 | + | 3 | = | |
| 5 | + | 4 | = | |
| 9 | − | 6 | = | |
| 3 | + | 3 | = | |
| 6 | + | 4 | = | |
| 10 | − | 6 | = | |
| | + | | = | |
| | + | | = | |
| | − | | = | |
| | + | | = | |
| | + | | = | 12 |

**3**

| | | | | |
|---|---|---|---|---|
| 20 | − | 2 | = | |
| 18 | − | 4 | = | |
| 14 | + | 2 | = | |
| 16 | − | 2 | = | |
| 14 | − | 4 | = | |
| 10 | + | 2 | = | |
| | − | | = | |
| | − | | = | |
| | + | | = | |
| | − | | = | |
| | − | | = | 2 |

**4**

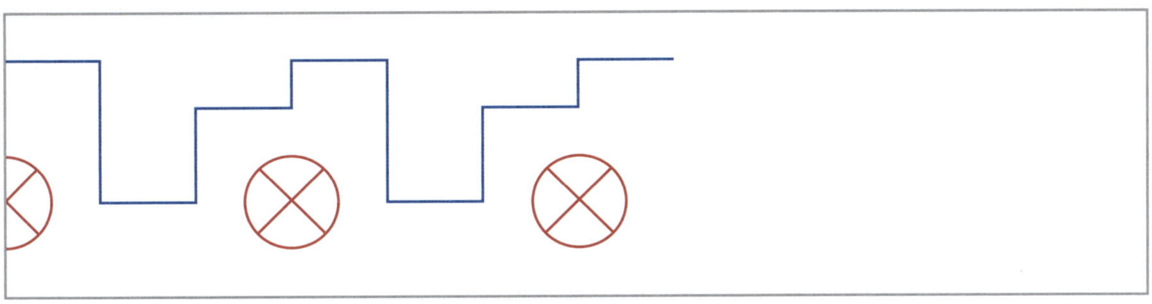

**5**

**1**

2 + 2 = 
20 + 20 = 

4 + 4 = 
40 + 40 = 

3 + 5 = 
30 + 50 = 

1 + 3 = 
10 + 30 = 

5 + 3 = 
50 + 30 = 

**2**

6 − 3 = 
60 − 30 = 

8 − 2 = 
80 − 20 = 

10 − 4 = 
100 − 40 = 

9 − 6 = 
90 − 60 = 

7 − 5 = 
70 − 50 = 

**3**

7 + 2 = 
70 + 20 = 

8 − 4 = 
80 − 40 = 

3 + 6 = 
30 + 60 = 

9 − 5 = 
__________

5 + 4 = 
__________

**4**

| + | 1 | 2 |
|---|---|---|
| 0 | | |
| 10 | | |
| 20 | | |
| 30 | | |
| 40 | | |
| 50 | | |
| 60 | | |
| 70 | | |
| 80 | | |
| 90 | | |

**5**

| − | 1 | 3 | 5 | 8 |
|---|---|---|---|---|
| 10 | | | | |
| 20 | | | | |
| 30 | | | | |
| 40 | | | | |
| 50 | | | | |
| 60 | | | | |
| 70 | | | | |
| 80 | | | | |
| 90 | | | | |
| 100 | | | | |

**6**

| + | 3 | 5 |
|---|---|---|
| 0 | | |
| 10 | | |
| 20 | | |
| 30 | | |
| 40 | | |
| 50 | | |
| 60 | | |
| 70 | | |
| 80 | | |
| 90 | | |



**1** bis **3** Analogieaufgaben (Einer, Zehner)
**4** bis **6** Analogieaufgaben in Tabellen

**1**

9 − 6 = ___
90 − 60 = ___

3 + 4 = ___
30 + 40 = ___

8 − 7 = ___
80 − 70 = ___

5 + 3 = ___
50 + 30 = ___

**2**

___ + 30 = 70
70 − 30 = ___

___ + 60 = 90
90 − 60 = ___

___ + 10 = 80
80 − 10 = ___

___ + 30 = 50
50 − 30 = ___

**3**

60 − 20 = ___
60 − ___ = 20

30 − 0 = ___
30 − ___ = 0

90 − 80 = ___
90 − ___ = 80

40 − 30 = ___
40 − ___ = 30

**4**

*50* − *5* = ___
oder
___ + *5* = *50*

**5**

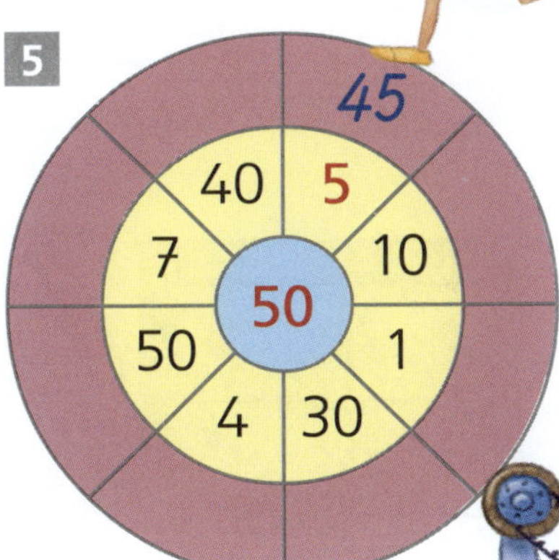


**6**

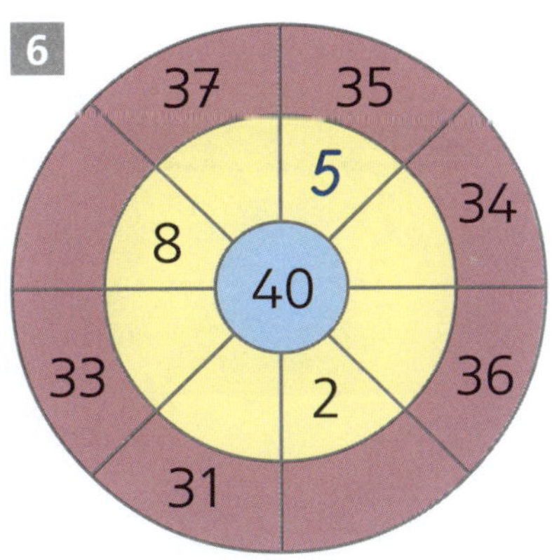


**7**

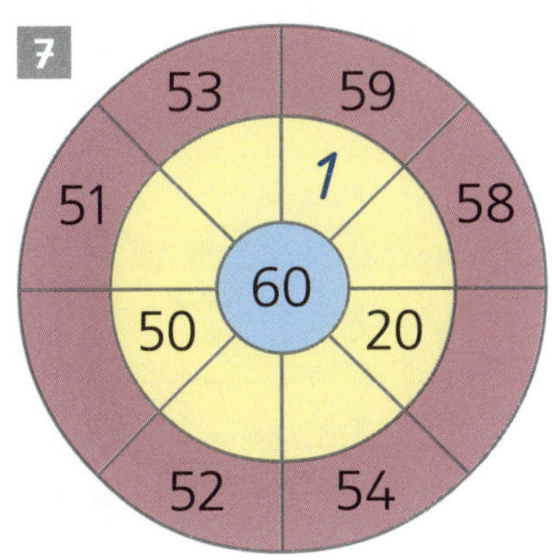

**1** Analogieaufgaben (Einer, Zehner)
**2** Umkehraufgaben **3** Tauschaufgaben

**1**

| + | 1 |
|---|---|
| 9 | |
| 39 | |
| | 60 |
| | 90 |
| 19 | |
| 79 | |
| | 50 |
| | 70 |
| 29 | |
| 99 | |

**2**

| + | 2 | |
|---|---|---|
| 8 | | 12 |
| 38 | | 42 |
| | 20 | |
| | 60 | |
| 28 | | |
| 68 | | |
| | 50 | |
| | 80 | |
| 88 | | |
| 98 | | 102 |

**3**

| − | 1 |
|---|---|
| 10 | |
| 50 | |
| | 19 |
| | 39 |
| 30 | |
| 60 | |
| | 89 |
| | 69 |
| 80 | |
| 100 | |

**4**

| − | 2 | |
|---|---|---|
| 10 | | 5 |
| | 38 | |
| 50 | | 45 |
| | 68 | |
| 30 | | |
| | 88 | |
| 100 | | |
| | 78 | |
| 20 | | |
| | 58 | |

**5**

**1** bis **4** Analogieaufgaben in Tabellen
Erfinde selbst eine Aufgabe.

**1**

7 + 10 =
17 + 10 =
27 + 10 =

4 + 10 =
24 + 10 =
44 + 10 =

8 + 10 =
78 + 10 =
88 + 10 =

**2**

12 − 10 =
22 − 10 =
32 − 10 =

18 − 10 =
28 − 10 =
48 − 10 =

15 − 10 =
55 − 10 =
75 − 10 =

**3**

− 10 = 6
− 10 = 36
− 10 = 86

+ 10 = 19
+ 10 = 49
+ 10 = 79

− 10 = 3
− 10 = 23
− 10 = 63

**4**

| − | 10 | 30 |
|---|---|---|
| 70 | | |
| 75 | | |
| | 50 | |
| 63 | | |
| 68 | | |

**5**

| + | 10 | 30 | 50 |
|---|---|---|---|
| 20 | | | |
| 26 | | | |
| 10 | | | |
| | 13 | | |
| | 33 | | |

**6**

| − | 20 | |
|---|---|---|
| 40 | | 0 |
| 49 | | 9 |
| 90 | | |
| 96 | | |
| 99 | | |

**8**

| 100 |
| , 65 |
| , 30, |

**7**

| |
| 10, |
| 7, , 15 |
| 4, , , |

**9**

| |
| , 20 |
| , 10, |
| 14, , 4, |

**1**

| + | 4 | 6 |
|---|---|---|
| 4 | | |
| 14 | | |
| | 28 | |
| 54 | | |
| 2 | | |
| | 16 | |
| 82 | | |
| 3 | | |
| 33 | | |
| | 77 | |

**2**

| – | 2 | | 6 | |
|---|---|---|---|---|
| 16 | | 12 | | 6 |
| 26 | | 22 | | |
| 36 | | | | 26 |
| 56 | | | | |
| 19 | | | | |
| 39 | | | | |
| 79 | | | | |
| 17 | | | | |
| 47 | | | | |
| 97 | | | | |

**3**

| + | 5 | 10 |
|---|---|---|
| 2 | | |
| 12 | | |
| 22 | | |
| 52 | | |
| 4 | | |
| 14 | | |
| 64 | | |
| | 10 | |
| | | 35 |
| | 90 | |

**4**

64 + ___ = 70
70 – ___ = 64

83 + ___ = 90
90 – ___ = 83

47 + ___ = 50

**5**

92 – ___ = 90
90 + ___ = 92

75 – ___ = 70
70 + ___ = 75

39 – ___ = 30

**6**

___ – 2 = 38
38 + 2 = ___

___ – 6 = 54
54 + 6 = ___

___ – 4 = 26

**7**

zusammen

**1** bis **3** Analogieaufgaben in Tabellen
**4** bis **6** Umkehraufgaben
Erfinde selbst eine Aufgabe.

**1**

| + | 2 | 4 |
|---|---|---|
| 3 | | |
| 13 | | |
| 23 | | |
| 33 | | |
| | | 8 |
| | | 38 |
| 84 | | |
| 6 | | |
| 46 | | |
| | | 80 |

**2** △

| − | 1 | | 7 | 10 |
|---|---|---|---|---|
| 7 | | 2 | | |
| 27 | | 22 | | |
| 37 | | | | |
| 77 | | | | |
| 9 | | 4 | | |
| 19 | | | | |
| 59 | | | | |
| 16 | | | | |
| 46 | | | | |
| | 85 | | | |

**3**

| + | 7 | |
|---|---|---|
| 2 | | 12 |
| 12 | | 22 |
| 42 | | |
| 82 | | |
| 1 | | |
| 21 | | |
| 61 | | |
| | | 13 |
| 13 | | |
| 63 | | |

**4** △

| − | 3 | 5 | 6 | | 8 | | 10 | 9 | 7 | 30 | 50 |
|---|---|---|---|---|---|---|---|---|---|---|---|
| 30 | | | | 30 | | 26 | | | | | |
| | 52 | 50 | | | | | | | | | |

**5**

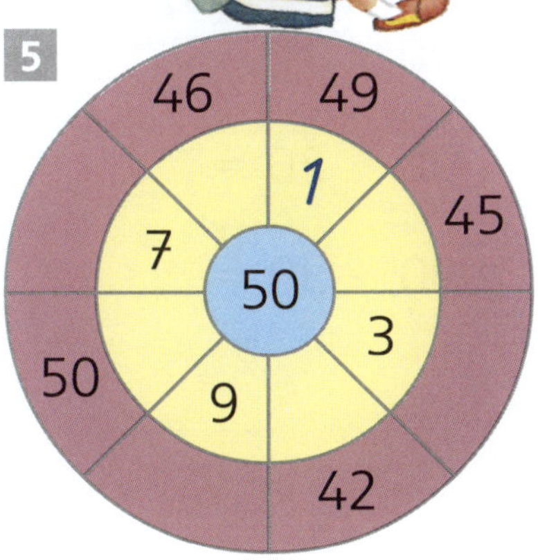


**6**

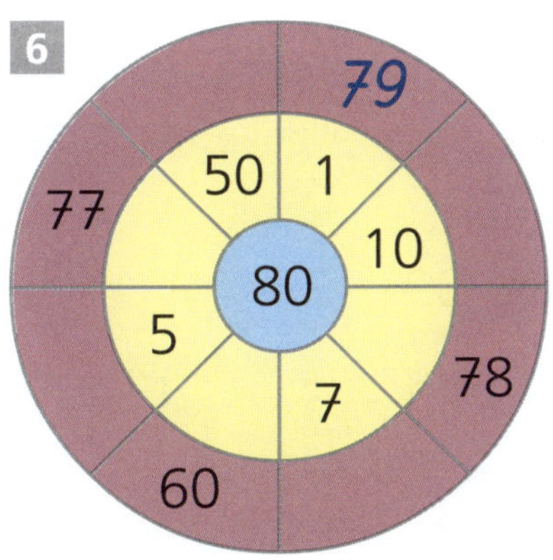

**7**

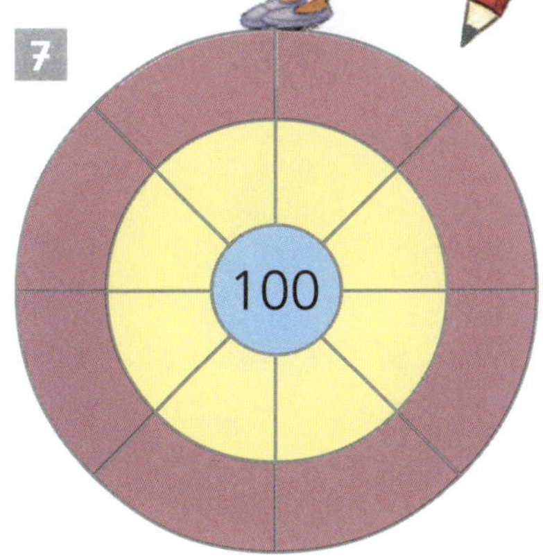


**1** bis **3** Analogieaufgaben in Tabellen △ Mache ein X, wenn eine Aufgabe nicht lösbar ist.
Erfinde selbst eine Aufgabe.

**1**

| + | 3 | 5 |
|---|---|---|
| 7 | | |
| 27 | | |
| 47 | | |
| 4 | | |
| 34 | | |
| 74 | | |
| | 9 | |
| | 59 | |
| | 6 | |
| | 66 | |

**2**

| − | 5 | 3 | | 8 |
|---|---|---|---|---|
| 15 | | | 5 | |
| 35 | | | 25 | |
| 65 | | | | |
| 18 | | | | |
| 38 | | | | |
| 68 | | | | |
| 19 | | | | |
| 79 | | | | |
| 14 | | | | |
| 54 | | | | |

**3**

| + | 7 | 10 |
|---|---|---|
| 5 | | |
| 15 | | |
| 35 | | |
| 4 | | |
| 14 | | |
| 64 | | |
| | 14 | 17 |
| 87 | | |
| | 10 | |
| 63 | | |

**4**

30 + 9 = ▢
29 + 9 = ▢
28 + 9 = ▢
*27 +* ______
*26 +* ______

**5**

40 + 2 = ▢
42 + 2 = ▢
44 + 2 = ▢
*46 +* ______
*48 +* ______

**6**

60 + 1 = ▢
59 + 2 = ▢
58 + 3 = ▢
*57 +* ______
*56 +* ______

**7**

50 − 10 = ▢
60 − 20 = ▢
70 − 30 = ▢
*80 −* ______
*90 −* ______

**8**

89 − 7 = ▢
88 − 6 = ▢
87 − 5 = ▢
*86 −* ______
*85 −* ______

**9**

90 − 10 = ▢
90 − 20 = ▢
90 − 30 = ▢
______
______



**1** bis **3** Analogieaufgaben in Tabellen
**4** bis **9** Was fällt auf? Regelmäßigkeiten beschreiben.

**1**

28 | 2 | 30

28 + 2 = ______

2 + 28 = ______

30 − 2 = ______

30 − 28 = ______

**2**

67 | 3 | 70

67 + 3 = ______

3 + 67 = ______

70 − ___ = ______

70 − ___ = ______

**3**

55 | 0 | 55

55 + ___ = ______

___ + ___ = ______

___ − ___ = ______

___ − ___ = ______

**4**

| | | |
|---|---|---|
| | | |
| | | |
| 30 | 4 | 2 |

**5**

| | | |
|---|---|---|
| | | |
| | | |
| 40 | 20 | 7 |

**6**

| | | |
|---|---|---|
| | 68 | |
| 62 | | |
| 61 | | |

**7**

zusammen

**8**

| + | 10 | 30 | 40 | 60 | 70 |
|---|---|---|---|---|---|
| 20 | | | | | |
| 21 | | | | | |

**9**

| − | 10 | 40 | 50 | 60 | 90 |
|---|---|---|---|---|---|
| 90 | | | | | |
| 91 | | | | | |

**1**

30 + 50 =

36 + 50 =

20 + 70 =

22 + 70 =

40 + 30 =

47 + 30 =

60 + 20 =

69 + 20 =

**2**

80 − 40 =

85 − 40 =

40 − 30 =

47 − 30 =

90 − 80 =

98 − 80 =

60 − 50 =

63 − 50 =

**3**

85 − ___ = 35

35 + ___ = 85

77 − ___ = 27

27 + ___ = 77

63 − ___ = 43

43 + ___ = 63

49 − ___ = 19

19 + ___ = 49

**4**

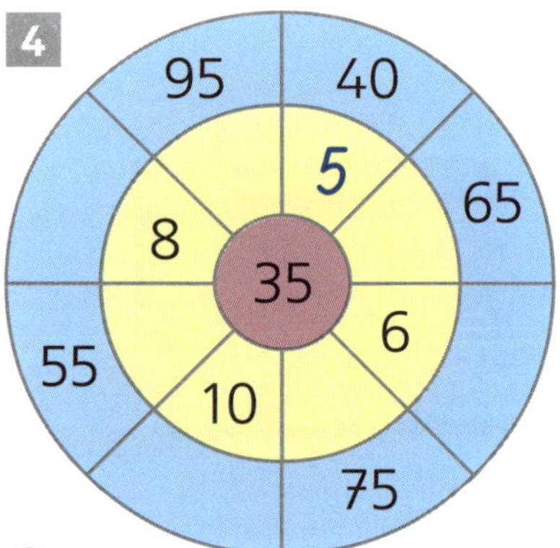


**5**

**6**

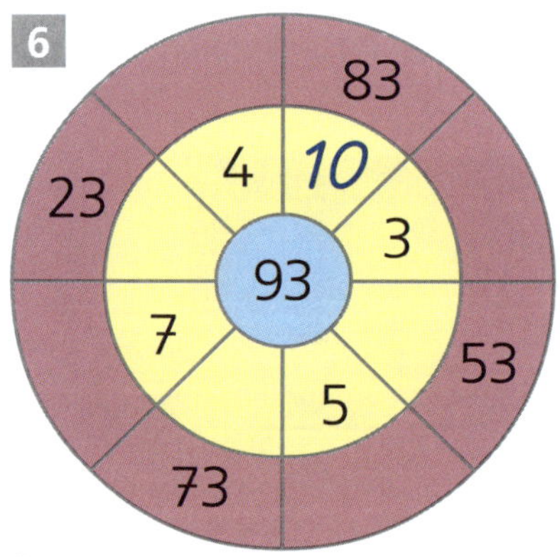


**7**

| + | 5 | 8 | 20 |
|---|---|---|---|
| 42 | | | |
| 45 | | | |
| 56 | | | |
| | 75 | | |

**8**

| − | 5 | 7 | |
|---|---|---|---|
| 40 | | | 30 |
| 45 | | | |
| 56 | | | |
| | 85 | | |

**9**

| + | 10 | 13 | 15 |
|---|---|---|---|
| 30 | | | |
| 50 | | | |
| 20 | | | |
| | 90 | | |

| A | C | D | E | F | G | H | I | L | N | O | P | R | S | T | W |
|---|---|---|---|---|---|---|---|---|---|---|---|---|---|---|---|
| 0 | 13 | 29 | 43 | 50 | 59 | 60 | 66 | 74 | 77 | 80 | 81 | 86 | 92 | 99 | 100 |

| | | |
|---|---|---|
| 86 − 5 = | 100 − 1 = | 43 + 0 = |
| 20 + 30 = | 100 − 50 = | 53 + 6 = |
| 50 − 7 = | 2 + 84 = | 93 − 50 = |
| 60 + 6 = | 40 + 40 = | 80 − 3 = |
| 70 + 4 = | 100 − 8 = | 1 + 99 = |
| 61 − 2 = | 9 + 4 = | 78 − 78 = |
| 36 + 30 = | 10 + 50 = | 84 − 10 = |
| 70 − 20 = | 90 − 4 = | 29 + 0 = |

Der ___________________

lebt im südamerikanischen ___________________.

**1**

| − | 6 | 10 |
|---|---|---|
| 10 | | |
| 16 | | |
| 36 | | |
| 70 | | |
| 76 | | |
| 12 | | |
| 42 | | |
| 11 | | |
| | | 21 |
| | 90 | |

**2**

| + | 6 | 4 | | 30 |
|---|---|---|---|---|
| 10 | | | 20 | |
| 40 | | | 50 | |
| 6 | | | | |
| 16 | | | | |
| 46 | | | | |
| 8 | | | | |
| 18 | | | | |
| 7 | | | | |
| 37 | | | | |
| 5 | | | | |

**3** △

| − | | 20 |
|---|---|---|
| 17 | | |
| 57 | | |
| 15 | | |
| 25 | | |
| 65 | | |
| 12 | | |
| 22 | | |
| 24 | | |
| 44 | 37 | |
| 42 | | |

**4**

☐ − 40 = 18
18 + 40 = ☐

☐ − 20 = 63
63 + 20 = ☐

☐ − 60 = 39
39 + 60 = ☐

**5**

☐ − 50 = 26
26 + 50 = ☐

☐ − 30 = 34
34 + 30 = ☐

☐ − 70 = 15
________________

**6**

☐ − 3 = 88
88 + 3 = ☐

☐ − 5 = 49
________________

☐ − 2 = 79
________________

**7**

**4** bis **6** Umkehraufgaben △ Mache ein X, wenn eine Aufgabe nicht lösbar ist.
✏ Erfinde selbst eine Aufgabe.

**1**

35 20 55

35 + 20 =

20 + 35 =

55 − 20 =

55 − 35 =

**2**

87 40 47

87 − 40 =

87 − 47 =

47 + =

40 + =

**3**

19 60

19 + =

\+ =

− =

− =

**4**

62 30

62 − =

− =

\+ =

\+ =

**5**

24 30

24 + =

\+ =

− =

− =

**6**

28 88

\+ =

\+ =

− =

− =

**7**

18 + 20 =

38 + 20 =

78 + 20 =

5 + 40 =

15 + 40 =

45 + 40 =

6 + 30 =

46 + 30 =

66 + 30 =

**8**

45 − 20 =

65 − 20 =

85 − 20 =

46 − 40 =

56 − 40 =

86 − 40 =

42 − 30 =

62 − 30 =

92 − 30 =

**9**

− 10 = 27

− 30 = 27

− 50 = 27

\+ 10 = 99

\+ 20 = 99

\+ 60 = 99

− 10 = 13

− 40 = 13

− 70 = 13

# Der 2. Rechenmeister

**1**
3 + 5 =
30 + 50 =

2 + 7 =
20 + 70 =

**2**
8 − 6 =
80 − 60 =

7 − 4 =
70 − 40 =

**3**
1 + 8 =
10 + 80 =

10 − 6 =
100 − 60 =

**4**
60 + 7 =
20 + 1 =
30 + 9 =
90 + 6 =

**5**
70 − 5 =
40 − 3 =
80 − 8 =
50 − 4 =

**6**
40 + 8 =
50 − 8 =
70 + 3 =
100 − 3 =

**7**
42 + 5 =
31 + 9 =
73 + 6 =
55 + 2 =

**8**
98 − 5 =
84 − 3 =
76 − 4 =
59 − 8 =

**9**
66 + 6 =
41 − 3 =
87 + 7 =
62 − 4 =

**10**
+ 10 = 75
+ 30 = 43

**11**
− 10 = 28
− 20 = 67

**12**
88 + = 91
71 − = 69

**13**

zusammen

Du hast von 45 Aufgaben richtig gelöst.
Urkunde zum Ausdrucken → www.mbverlag.de/urkunde2

# Rund um die Mathematik

**1**

12 Würfel

**2**

Würfel

**3**

Würfel

**4**

Würfel

**5**

Würfel

**6**

Würfel

**7**

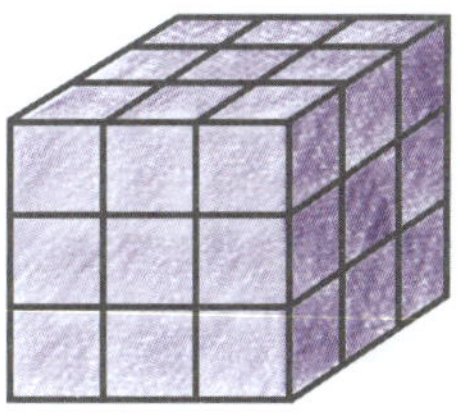

Würfel

**8**

Würfel

**9**

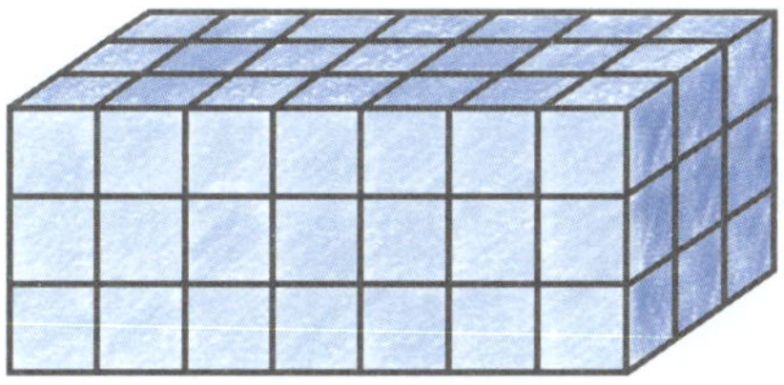

Würfel

**10**

| | | | | | | | | | | | |
|---|---|---|---|---|---|---|---|---|---|---|---|
| 2 | 90 | 4 | 89 | 6 | 88 | 8 | 87 | | | | 85 |

**11**

| | | | | | | | | | | | |
|---|---|---|---|---|---|---|---|---|---|---|---|
| 20 | 1 | 22 | 8 | 24 | 15 | | | | | | 36 |

**12**

| | | | | | | | | | | | |
|---|---|---|---|---|---|---|---|---|---|---|---|
| 100 | 0 | 99 | 1 | 98 | 2 | | | | | | 5 |

**1** bis **9** Anzahl der Würfel feststellen
**10** bis **12** bereiten auf die Knobelseiten **82** und **83** vor.

# Rund um die Mathematik

**1**

Tina Anton Lea Anton

Am leichtesten ist ______________________ .

Am schwersten ist ______________________ .

**2**

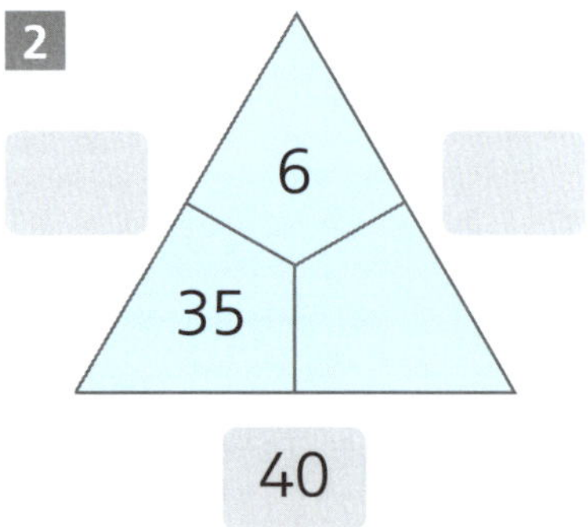


**3**

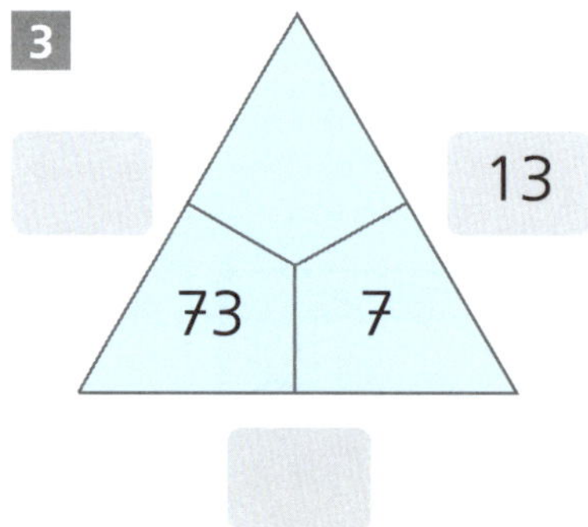


**4**

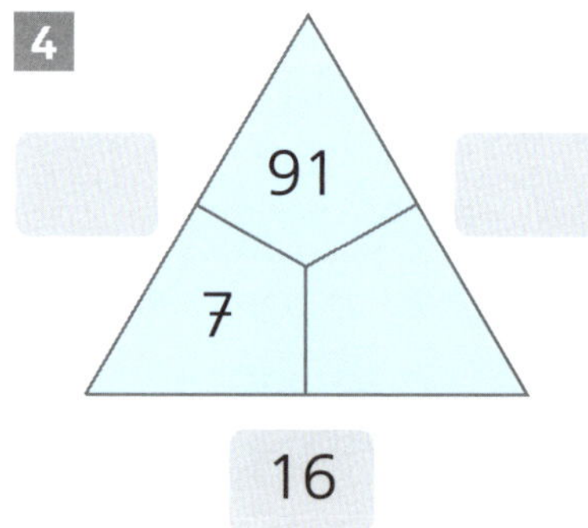


**5**

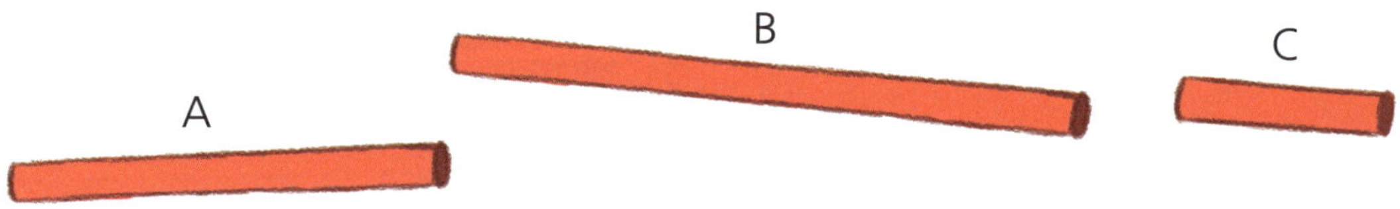


Drei Stäbe sind zusammen 100 cm lang.

A ist 34 cm lang.

B ist 16 cm länger als A.

C ist ____ cm lang.

**6**

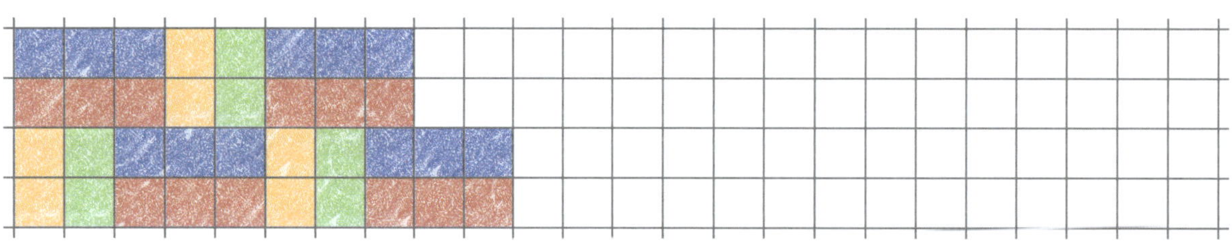



**1** Bildern entnehmen, welches Kind am leichtesten (schwersten) ist
**5** Länge berechnen **6** Muster fortsetzen

**1**

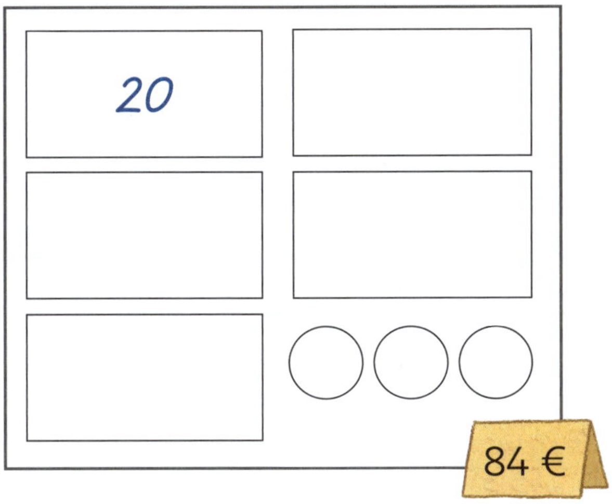


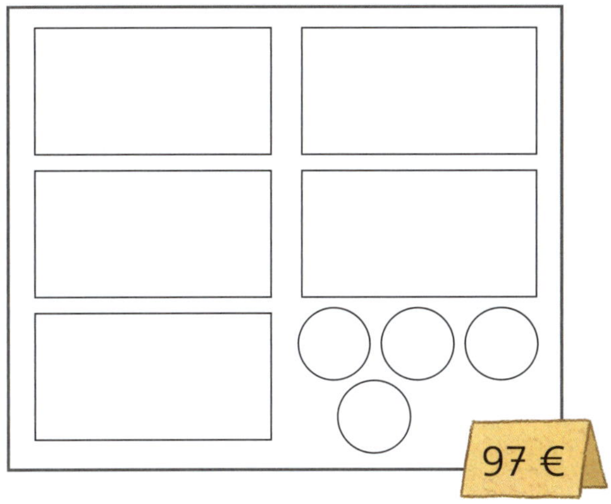


**2**

Nele hat zu ihrem Geburtstag 100 € geschenkt bekommen.

Sie möchte sich dafür ein Einrad und einen Helm kaufen.

Wie viel muss sie für beides zusammen bezahlen?

Für beides zusammen muss sie ___ € bezahlen.

Wie viel muss sie noch sparen, damit sie sich auch die Knie- und Handgelenksschoner kaufen kann?

Sie muss noch ___ € sparen.

**1** Werte in Münzen und Scheine eintragen. Mehrere Lösungen sind möglich.

**1**

Ich rechne so:
Zuerst: *26 + 50 = 76*
dann: *76 + 6 = 82*

26 + 56 = 82

76/82

**2** 38 + 37 =

68/

**3** 67 + 26 =

**4**

Ich rechne so:
Zuerst: *20 + 50 = 70*
dann: *6 + 6 = 12*
*70 + 12 = 82*

26 + 56 = 82

70/12

**5** 38 + 37 =

60/

**6** 67 + 26 =

Rechne wie oder

**7** 57 + 27 =

**8** 25 + 59 =

**9** 48 + 36 =

**10** 66 + 24 =

**11** 54 + 38 =

**12** 24 + 49 =

**13** 36 + 28 =

**14** 49 + 44 =

**15** 78 + 13 =

**16** 25 + 47 =

**17** 33 + 59 =



**1** und **4** Beispiele für Kurzschreibweisen

1 △

| − | | 30 |
|---|---|---|
| 48 | 38 | |
| 63 | | |
| 35 | | |
| 24 | | |
| 79 | | |
| | 42 | |
| 67 | | |

2

| + | 10 | 12 | | 50 |
|---|---|---|---|---|
| 20 | | | 60 | |
| 13 | | | | |
| | | | | 100 |
| 18 | | | | |
| 40 | | | | |
| 34 | | | | |
| | 55 | | | |

3

| − | 5 | |
|---|---|---|
| 13 | | 5 |
| 43 | | |
| 16 | | 8 |
| 22 | | |
| 52 | | |
| 14 | | |
| 94 | | |

4 75 − 28 = 47

55/47

5 63 − 25 = 

43/

6 78 − 43 = 

7 52 − 36 = 

8 91 − 52 = 

9 85 − 38 = 

10 92 − 75 = 

11 36 − 17 = 

12 64 − 58 = 

13

| + | 30 | 36 |
|---|---|---|
| 20 | | |
| 23 | | |

14

| + | 20 | 29 |
|---|---|---|
| 50 | | |
| 54 | | |

15

| + | 40 | 46 |
|---|---|---|
| 30 | | |
| 38 | | |

△ Mache ein ✕, wenn eine Aufgabe nicht lösbar ist.
**4** Beispiel für Kurzschreibweise; auch andere Rechenwege möglich

**1**

| | | | | | | | | | | | | |
|---|---|---|---|---|---|---|---|---|---|---|---|---|
| 0 | 1 | 2 | 3 | | | | | | | | 11 | 12 |
| 0 | 2 | 4 | 6 | | | | | | | | 22 | 24 |

**2**

| | | | | | | | | | | | | |
|---|---|---|---|---|---|---|---|---|---|---|---|---|
| 0 | 10 | 20 | 30 | | | | | | | | 110 | 120 |
| 0 | 5 | 10 | 15 | 20 | | 30 | | 40 | | 50 | 55 | 60 |

**3** 14 + 14 = ___

**4** 27 + 27 = ___

**5** 16 + 16 = ___

**6** 38 + 38 = ___

**7** 49 + 49 = ___

**8** 35 + 35 = ___

**9** 23 | 23 | 23

**10** 18 | 18 | 18

**11** 25 | 12 | 25

**12** 12 | 12 | 12

**13** 33 | 3 | 33

**14** 17 | 17 | 17

**15**
30 + 30 = ___
31 + 31 = ___
32 + 32 = ___
33 + 33 = ___
34 + 34 = ___

**16**
23 + 23 = ___
24 + 24 = ___
25 + 25 = ___
26 + 26 = ___
27 + 27 = ___

**17**
40 + 40 = ___
39 + 39 = ___
38 + 38 = ___
37 + 37 = ___



**3** bis **8** Verschiedene Rechenwege sind möglich (siehe S. 32).

**1**

| + | 4 | |
|---|---|---|
| 5 | | |
| 75 | | |
| 9 | | 18 |
| 6 | | |
| | 90 | |
| 8 | | |
| 68 | | |

**2** △

| − | | 6 | 8 | 14 |
|---|---|---|---|---|
| 14 | 10 | | | |
| 94 | | | | |
| 15 | | | | |
| 12 | | | | |
| 72 | | | | |
| 17 | | | | |
| | 53 | | | |

**3**

| + | 8 | 16 |
|---|---|---|
| 10 | | |
| 40 | | |
| | | 96 |
| 20 | | |
| 60 | | |
| | 38 | |
| | 58 | |

**4**

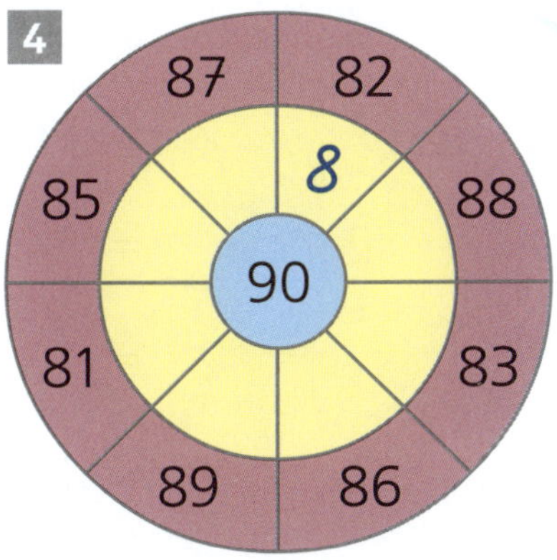

**5**

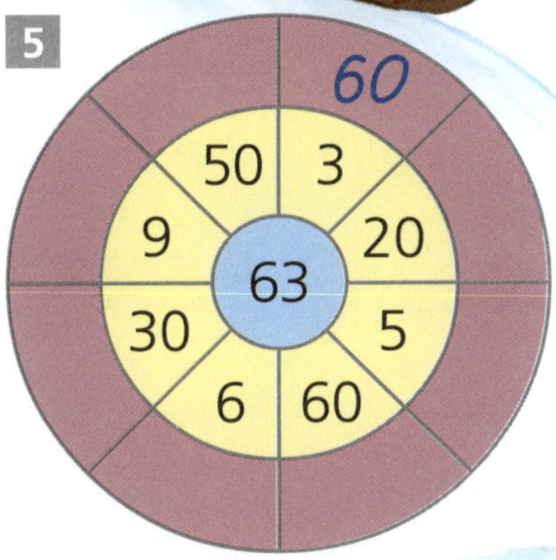


**6**

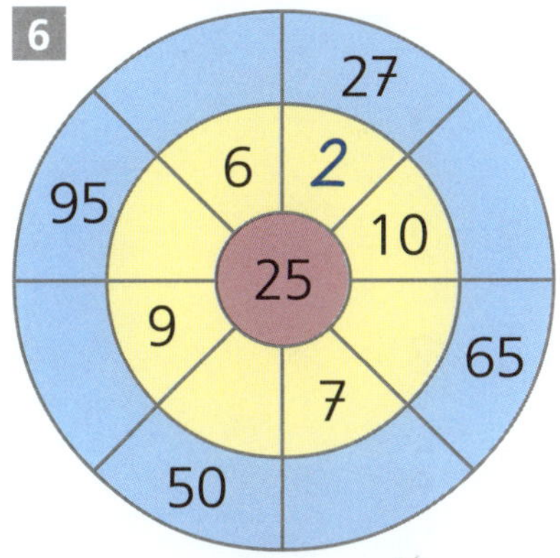

**7**

zusammen

**1**

| | | | | | | | | | | | | | |
|---|---|---|---|---|---|---|---|---|---|---|---|---|---|
| 0 | 2 | 4 | 6 | | | | | | | | | 24 | 26 |

**2**

0 · 2 = 0    2 · 0 = 0

1 · 2 = ___    2 · 1 = ___

2 · 2 = ___    2 · 2 = ___

3 · 2 = ___    2 · 3 = ___

4 · 2 = ___    ___

5 · 2 = ___    ___

6 · 2 = ___    ___

7 · 2 = ___    ___

8 · 2 = ___    ___

9 · 2 = ___    ___

10 · 2 = ___    ___

**3**

20 = ___ · 2

18 = ___ · 2

16 = ___ · 2

14 = ___ · 2

12 = ___ · 2

10 = ___ · 2

8 = ___ · 2

6 = ___ · 2

4 = ___ · 2

2 = ___ · 2

0 = ___ · 2

**4**

___ · 2 = 16

2 · ___ = 16

___ · 2 = 8

2 · ___ = 8

___ · 2 = 10

2 · ___ = 10

___ · 2 = 14

2 · ___ = 14

___ · 2 = 18

2 · ___ = 18

___ · 2 = 0

**5** 47 + 36 = 83

/ ___

**6** 68 + 24 = ___

**7** 81 + 18 = ___

**8** 48 + 36 = ___

**9** 74 + 25 = ___

**10** 34 + 39 = ___

**11** 29 + 58 = ___

**12** 36 + 45 = ___

**13** 27 + 64 = ___



**5** bis **13** Verschiedene Rechenwege sind möglich (siehe S. 32).

**1**

| | | | | | | | | | | | | |
|---|---|---|---|---|---|---|---|---|---|---|---|---|
| 0 | 10 | 20 | | | | | | | | | 110 | 120 |

**2**

$0 \cdot 10 =$ ☐

$1 \cdot 10 =$ ☐

$2 \cdot 10 =$ ☐

$3 \cdot 10 =$ ☐

$4 \cdot 10 =$ ☐

$5 \cdot 10 =$ ☐

$6 \cdot 10 =$ ☐

$7 \cdot 10 =$ ☐

$8 \cdot 10 =$ ☐

$9 \cdot 10 =$ ☐

$10 \cdot 10 =$ ☐

**3**

$100 =$ ☐ $\cdot 10$

$20 =$ ☐ $\cdot 10$

$40 =$ ☐ $\cdot 10$

$70 =$ ☐ $\cdot 10$

$0 =$ ☐ $\cdot 10$

$50 =$ ☐ $\cdot 10$

$90 =$ ☐ $\cdot 10$

$30 =$ ☐ $\cdot 10$

$80 =$ ☐ $\cdot 10$

$60 =$ ☐ $\cdot 10$

$10 =$ ☐ $\cdot 10$

**4**

☐ $\cdot 10 = 50$

$10 \cdot$ ☐ $= 50$

☐ $\cdot 10 = 80$

$10 \cdot$ ☐ $= 80$

☐ $\cdot 10 = 30$

$10 \cdot$ ☐ $= 30$

☐ $\cdot 10 = 100$

$10 \cdot$ ☐ $= 100$

☐ $\cdot 10 = 70$

$10 \cdot$ ☐ $= 70$

☐ $\cdot 10 = 0$

**5**

| + | | 33 |
|---|---|---|
| 30 | 60 | |
| 36 | | |
| 50 | | |
| 57 | | |
| 60 | | |
| 64 | | |
| | 70 | |
| 45 | | |

**6** △

| − | | 15 | | 50 |
|---|---|---|---|---|
| 20 | 10 | | 0 | |
| 75 | | | | |
| 31 | | | | |
| 86 | | | | |
| 49 | | | | |
| 97 | | | | |
| | | | | 4 |
| | 55 | | | |

**7**

| + | 60 | |
|---|---|---|
| 10 | | 75 |
| 15 | | |
| 30 | | |
| 35 | | |
| 20 | | |
| 23 | | |
| 25 | | |
| | 88 | |

△ Mache ein X, wenn eine Aufgabe nicht lösbar ist.

**1**

| | | | | | | | | | | | | |
|---|---|---|---|---|---|---|---|---|---|---|---|---|
| 0 | 5 | 10 | 15 | | | | | | | | 55 | 60 |

**2**

0 · 5 = 0    5 · 0 = 0
1 · 5 = ___    5 · 1 =
2 · 5 = ___    5 · 2 =
3 · 5 = ___    5 · 3 =
4 · 5 = ___    ________
5 · 5 = ___    ________
6 · 5 = ___    ________
7 · 5 = ___    ________
8 · 5 = ___    ________
9 · 5 = ___    ________
10 · 5 = ___    ________

**3**

50 = ___ · 5
45 = ___ · 5
40 = ___ · 5
35 = ___ · 5
30 = ___ · 5
25 = ___ · 5
20 = ___ · 5
15 = ___ · 5
10 = ___ · 5
5 = ___ · 5
0 = ___ · 5

**4**

___ · 5 = 20
5 · ___ = 20
___ · 5 = 15
5 · ___ = 15
___ · 5 = 45
5 · ___ = 45
___ · 5 = 35
5 · ___ = 35
___ · 5 = 25
5 · ___ = 25
___ · 5 = 5

**5** 46 − 28 = 18
26/18

**6** 94 − 66 = ___

**7** 85 − 57 = ___

**8** 72 − 25 = ___

**9** 81 − 62 = ___

**10** 65 − 17 = ___

**11** 73 − 34 = ___

**12** 52 − 45 = ___

**13** 67 − 39 = ___

**5** bis **13** Beispiel für Kurzschreibweise; verschiedene Rechenwege sind möglich (siehe S. 33).

| A | C | E | F | G | H | I | L | O | R | S | T | ß |
|---|---|---|---|---|---|---|---|---|---|---|---|---|
| 17 | 25 | 32 | 48 | 50 | 64 | 69 | 72 | 80 | 87 | 93 | 95 | 99 |

25 + 25 = ___

100 − 13 = ___

61 + 19 = ___

50 + 49 = ___

29 + 3 = ___

86 + 7 = ___

18 + 7 = ___

94 − 30 = ___

75 − 6 = ___

68 + 4 = ___

77 − 5 = ___

36 − 4 = ___

93 − 6 = ___

24 + 24 = ___

40 − 23 = ___

0 + 72 = ___

100 − 5 = ___

72 − 40 = ___

90 − 3 = ___

0 + 32 = ___

10 + 59 = ___

95 − 70 = ___

71 − 7 = ___

20 + 12 = ___

Der _ _ _ _ _

_ _ _ _ _ _ _ _ _ _ _ _ _ _ sitzt

gerne im Wald auf einer _ _ _ _ _ .

**1**

| · | 10 | 5 | |
|---|---|---|---|
| 2 | | | 4 |
| 3 | | | 6 |
| 4 | | | |
| 5 | | | |
| 6 | | | |
| 7 | | | |
| 8 | | | |
| 9 | | | |
| 10 | | | |

**2**

| · | | 3 | 4 | | 6 | 7 |
|---|---|---|---|---|---|---|
| 10 | 20 | | | | | |
| 5 | | | | | | |
| 2 | | | | 10 | | |

**3**

| · | 8 | 9 | 10 | | | 5 |
|---|---|---|---|---|---|---|
| 10 | | | | 0 | 10 | |
| 5 | | | | 0 | | |
| 2 | | | | | | |

**4**
37 + 23 = ___
38 + 22 = ___
39 + 21 = ___
*40 +* ___
*41 +* ___

**5**
64 + 27 = ___
63 + 28 = ___
62 + 29 = ___
*61 +* ___
*60 +* ___

**6**
85 − 27 = ___
86 − 28 = ___
87 − 29 = ___
*88 −* ___
*89 −* ___

**7**
43 − 39 = ___
42 − 38 = ___
41 − 37 = ___
___
___

**8**
56 + 35 = ___
___
___
___
___

**9**
74 − 55 = ___
___
___
___
___

**10**

| | | | | | | | | | | | | |
|---|---|---|---|---|---|---|---|---|---|---|---|---|
| 0 | 4 | 8 | 12 | | | | | | | | 44 | 48 |



**4** bis **9** Was fällt auf? Regelmäßigkeiten beschreiben.
Erfinde selbst eine Aufgabe.

**1**

| · | 2 | 4 | 3 | 6 | 5 | 10 | 1 | 8 | 7 | 9 | 0 |
|---|---|---|---|---|---|---|---|---|---|---|---|
| 5 | | | | | | | | | | | |
| 10 | | | | | | | | | | | |
| 2 | | | | | | | | | | | |

**2**

$3 \cdot 5 =$

$3 \cdot 10 =$

$4 \cdot 5 =$

$4 \cdot 10 =$

**3**

$4 \cdot 2 =$

$8 \cdot 2 =$

$3 \cdot 2 =$

$6 \cdot 2 =$

**4**

$3 \cdot 5 =$

$6 \cdot 5 =$

$4 \cdot 5 =$

$8 \cdot 5 =$

**5**

$7 \cdot 2 =$

$9 \cdot 5 =$

$9 \cdot 2 =$

$7 \cdot 5 =$

**6**

28 25

*28 + 25 =*

*25 +* =

– =

– =

**7**

79 54

*79 –* = *54*

*79 – 54 =*

\+ =

\+ =

**8**

13 82

\+ *13* = *82*

\+ =

– =

– =

**9**

46

11

10 5 5

**10**

100

60

36

**11**

50

14

14 6

10 min

**1** 3 · 10 = ___
5 · 10 = ___

**2** 70 = ___ · 10
40 = ___ · 10

**3** ___ · 10 = 60
___ · 10 = 100

**4** 4 · 5 = ___
8 · 5 = ___

**5** 10 = ___ · 5
30 = ___ · 5

**6** ___ · 5 = 35
___ · 5 = 45

**7** 10 · 2 = ___
0 · 2 = ___

**8** 16 = ___ · 2
10 = ___ · 2

**9** ___ · 2 = 18
___ · 2 = 14

**10** 27 + 70 = ___
46 + 9 = ___
35 + 22 = ___
59 + 8 = ___

**11** 73 − 60 = ___
52 − 8 = ___
88 − 26 = ___
65 − 7 = ___

**12** 18 + 72 = ___
95 − 71 = ___
24 + 64 = ___
79 − 59 = ___

**13** 74 − 35 = ___

**14** 26 + 68 = ___

**15** 57 − 49 = ___

**16**

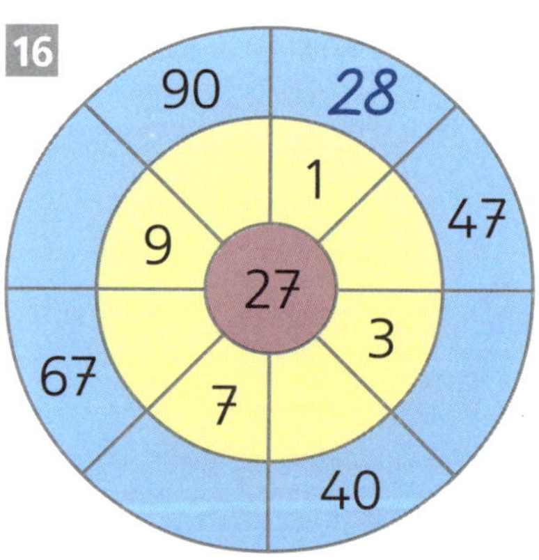


**17**

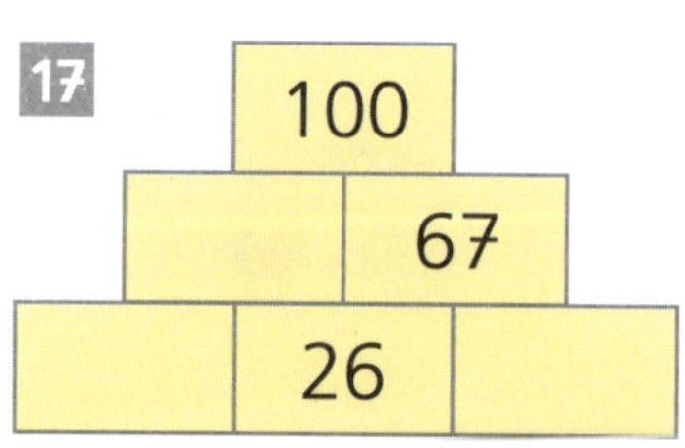


**18**

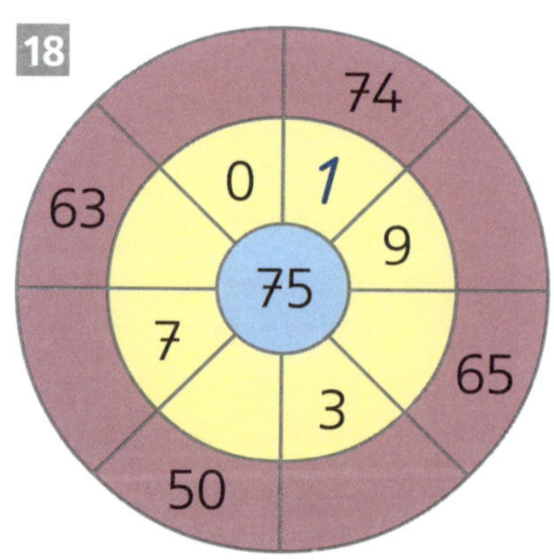




Du hast ___ von 50 Aufgaben richtig gelöst.
Urkunde zum Ausdrucken → www.mbverlag.de/urkunde2

Keller · Pfaff

# Das Übungsheft

## Mathematik

Lösungsheft

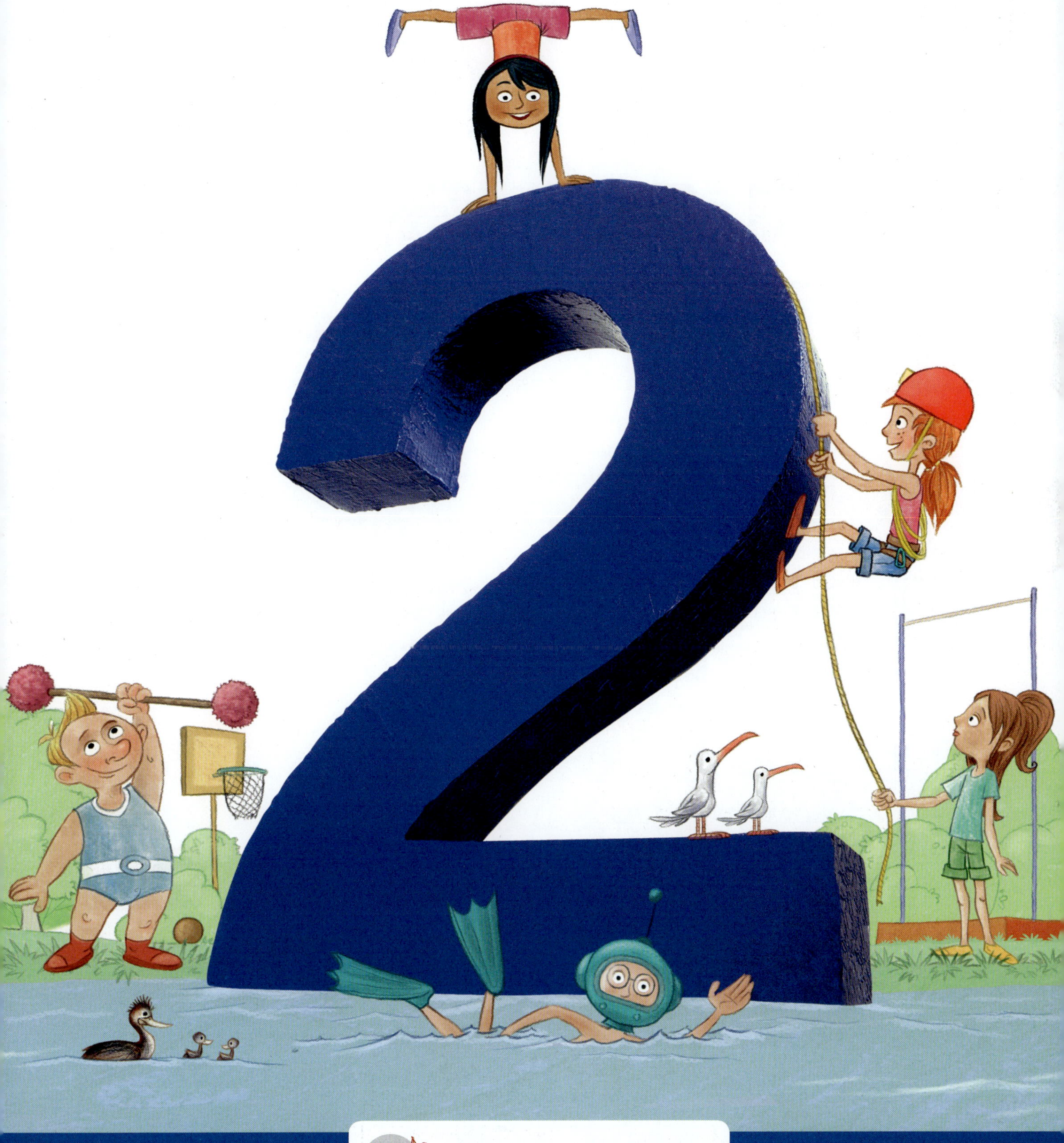

Mildenberger

1

| + | 3 | 5 |
|---|---|---|
| 1 | 4 | 6 |
| 11 | 14 | 16 |

2

| – | 1 | 3 |
|---|---|---|
| 9 | 8 | 6 |
| 19 | 18 | 16 |

3

| + | 1 | 2 |
|---|---|---|
| 7 | 8 | 9 |
| 8 | 9 | 10 |

4

| – | 1 | 2 |
|---|---|---|
| 2 | 1 | 0 |
| 3 | 2 | 1 |

5

| + | 3 | 4 |
|---|---|---|
| 1 | 4 | 5 |
| 5 | 8 | 9 |

6

| – | 1 | 3 |
|---|---|---|
| 10 | 9 | 7 |
| 11 | 10 | 8 |

7

| + | 1 | 2 |
|---|---|---|
| 12 | 13 | 14 |
| 13 | 14 | 15 |

8

| – | 5 | 7 |
|---|---|---|
| 7 | 2 | 0 |
| 8 | 3 | 1 |

9

4 3 / 2 1 – zusammen 10

2 2 / 2 2 – 8

1 10 / 1 1 – 13

5 5 / 5 5 – 20

8 1 / 1 2 – 12

3 3 / 4 5 – 15

0 10 / 3 2 – 15

5 6 / 2 4 – 17



**1** bis **8** Rechnen in Tabellen **9** Rechenkästen

1

6 – 2 = 4
16 – 2 = 14

8 – 3 = 5
18 – 3 = 15

4 – 2 = 2
14 – 2 = 12

9 – 5 = 4
19 – 5 = 14

2

6 + 4 = 10
16 + 4 = 20

2 + 8 = 10
12 + 8 = 20

3 + 6 = 9
13 + 6 = 19

5 + 3 = 8
15 + 3 = 18

3

8 – 2 = 6
18 – 2 = 16

7 + 1 = 8
17 + 1 = 18

6 – 4 = 2
16 – 4 = 12

3 + 5 = 8
13 + 5 = 18

4

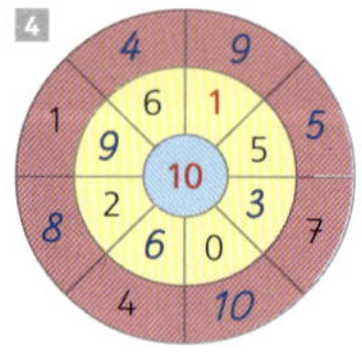

5

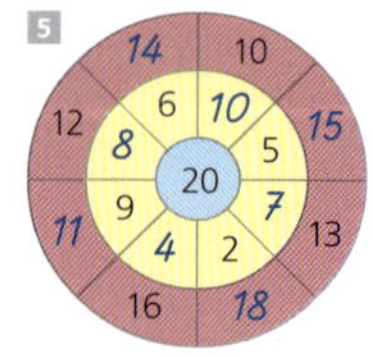


6

5 0 / 5 5 – zusammen 15

8 3 / 2 3 – 16

6 2 / 4 5 – 17

8 8 / 2 2 – 20

4 7 / 7 2 – 20

**1** bis **3** Analogieaufgaben **4** und **5** Rechenräder
Erfinde selbst eine Aufgabe.



1

| + | 1 | 2 |
|---|---|---|
| 2 | 3 | 4 |
| 11 | 12 | 13 |
| 5 | 6 | 7 |
| 13 | 14 | 15 |
| 18 | 19 | 20 |
| 9 | 10 | 11 |

2

| + | 1 | 2 |
|---|---|---|
| 10 | 11 | 12 |
| 17 | 18 | 19 |
| 8 | 9 | 10 |
| 14 | 15 | 16 |
| 19 | 20 | 21 |
| 15 | 16 | 17 |

3

| + | 3 | 5 | 10 |
|---|---|---|---|
| 3 | 6 | 8 | 13 |
| 15 | 18 | 20 | 25 |
| 0 | 3 | 5 | 10 |
| 10 | 13 | 15 | 20 |
| 7 | 10 | 12 | 17 |
| 9 | 12 | 14 | 19 |

4 △

| – | 1 | 2 |
|---|---|---|
| 10 | 9 | 8 |
| 8 | 7 | 6 |
| 11 | 10 | 9 |
| 15 | 14 | 13 |
| 1 | 0 | X |
| 19 | 18 | 17 |

5

| – | 1 | 2 |
|---|---|---|
| 7 | 6 | 5 |
| 20 | 19 | 18 |
| 9 | 8 | 7 |
| 12 | 11 | 10 |
| 17 | 16 | 15 |
| 6 | 5 | 4 |

6 △

| – | 3 | 5 | 10 |
|---|---|---|---|
| 10 | 7 | 5 | 0 |
| 5 | 2 | 0 | X |
| 20 | 17 | 15 | 10 |
| 8 | 5 | 3 | X |
| 15 | 12 | 10 | 5 |
| 13 | 10 | 8 | 3 |

7

20
12 8
8 4 4

8

18
11 7
7 4 3

9

19
9 10
6 3 7
5 1 2 5

10

20
8 12
7 1 11
6 1 0 11



△ Mache ein X, wenn eine Aufgabe nicht lösbar ist.
**7** bis **10** Rechenmauern

1

4 + 5 = 9
14 + 5 = 19

4 + 6 = 10
14 + 6 = 20

5 + 2 = 7
15 + 2 = 17

7 + 2 = 9
17 + 2 = 19

2 + 6 = 8
12 + 6 = 18

2

6 – 3 = 3
16 – 3 = 13

9 – 2 = 7
19 – 2 = 17

5 – 3 = 2
15 – 3 = 12

8 – 4 = 4
18 – 4 = 14

10 – 5 = 5
20 – 5 = 15

3

8 + 2 = 10
18 + 2 = 20

9 – 6 = 3
19 – 6 = 13

4 + 4 = 8
14 + 4 = 18

7 – 3 = 4
17 – 3 = 14

9 + 1 = 10
19 + 1 = 20

4

6 6 / 4 2 – zusammen 18

5 5 / 7 3 – 20

3 7 / 4 5 – 19

3 8 / 2 3 – 16

7 3 / 4 3 – 17

5 △

| – | 3 | 5 | 6 | 0 | 8 | 10 | 9 | 7 | 12 | 15 | 20 |
|---|---|---|---|---|---|---|---|---|---|---|---|
| 15 | 12 | 10 | 9 | 15 | 7 | 5 | 6 | 8 | 3 | 0 | X |
| 20 | 17 | 15 | 14 | 20 | 12 | 10 | 11 | 13 | 8 | 5 | 0 |

**1** bis **3** Analogieaufgaben Erfinde selbst eine Aufgabe.
△ Mache ein X, wenn eine Aufgabe nicht lösbar ist.

**1**
7 + 7 = 14
7 + 8 = 15

4 + 4 = 8
4 + 5 = 9

8 + 8 = 16
8 + 9 = 17

6 + 6 = 12
6 + 7 = 13

5 + 5 = 10
5 + 6 = 11

**2**
18 − 9 = 9
18 − 8 = 10

12 − 6 = 6
12 − 5 = 7

14 − 7 = 7
14 − 6 = 8

16 − 8 = 8
16 − 7 = 9

20 − 10 = 10
20 − 9 = 11

**3**
6 + 6 = 12
6 + 5 = 11

9 + 9 = 18
9 + 8 = 17

5 + 5 = 10
5 + 4 = 9

7 + 7 = 14
7 + 6 = 13

8 + 8 = 16
8 + 7 = 15

**4**

| + | 5 | 3 |
|---|---|---|
| 2 | 7 | 5 |
| 12 | 17 | 15 |
| 4 | 9 | 7 |
| 14 | 19 | 17 |
| 1 | 6 | 4 |
| 11 | 16 | 14 |
| 3 | 8 | 6 |
| 13 | 18 | 16 |
| 5 | 10 | 8 |
| 15 | 20 | 18 |

**5** △

| − | 2 | 4 | 8 |
|---|---|---|---|
| 6 | 4 | 2 | X |
| 16 | 14 | 12 | 8 |
| 4 | 2 | 0 | X |
| 14 | 12 | 10 | 6 |
| 7 | 5 | 3 | X |
| 17 | 15 | 13 | 9 |
| 9 | 7 | 5 | 1 |
| 19 | 17 | 15 | 11 |
| 5 | 3 | 1 | X |
| 15 | 13 | 11 | 7 |

**6**

| + | 2 | 4 | 0 |
|---|---|---|---|
| 6 | 8 | 10 | 6 |
| 16 | 18 | 20 | 16 |
| 3 | 5 | 7 | 3 |
| 13 | 15 | 17 | 13 |
| 0 | 2 | 4 | 0 |
| 10 | 12 | 14 | 10 |
| 4 | 6 | 8 | 4 |
| 14 | 16 | 18 | 14 |
| 2 | 4 | 6 | 2 |
| 12 | 14 | 16 | 12 |



**1** bis **3** Nachbaraufgaben **4** bis **6** Analogieaufgaben in Tabellen
△ Mache ein X, wenn eine Aufgabe nicht lösbar ist.

**1**
7 + 3 = 10
7 + 4 = 11

5 + 5 = 10
5 + 6 = 11

8 + 2 = 10
8 + 3 = 11

4 + 6 = 10
4 + 7 = 11

9 + 1 = 10
9 + 2 = 11

**2**
14 − 4 = 10
14 − 5 = 9

17 − 7 = 10
17 − 8 = 9

13 − 3 = 10
13 − 4 = 9

18 − 8 = 10
18 − 9 = 9

12 − 2 = 10
12 − 3 = 9

**3**
12 − 6 = 6
13 − 6 = 7

18 − 9 = 9
19 − 9 = 10

16 − 8 = 8
17 − 8 = 9

14 − 7 = 7
15 − 7 = 8

20 − 10 = 10
21 − 10 = 11

**4**

| − | 8 | 9 |
|---|---|---|
| 18 | 10 | 9 |
| 19 | 11 | 10 |
| 16 | 8 | 7 |
| 17 | 9 | 8 |
| 14 | 6 | 5 |
| 11 | 3 | 2 |
| 12 | 4 | 3 |
| 20 | 12 | 11 |
| 15 | 7 | 6 |
| 13 | 5 | 4 |

**5**

| + | 7 | 9 | 10 |
|---|---|---|---|
| 0 | 7 | 9 | 10 |
| 3 | 10 | 12 | 13 |
| 10 | 17 | 19 | 20 |
| 4 | 11 | 13 | 14 |
| 5 | 12 | 14 | 15 |
| 11 | 18 | 20 | 21 |
| 7 | 14 | 16 | 17 |
| 6 | 13 | 15 | 16 |
| 9 | 16 | 18 | 19 |
| 8 | 15 | 17 | 18 |

**6** △

| − | 6 | 7 |
|---|---|---|
| 17 | 11 | 10 |
| 6 | 0 | X |
| 18 | 12 | 11 |
| 19 | 13 | 12 |
| 14 | 8 | 7 |
| 15 | 9 | 8 |
| 20 | 14 | 13 |
| 11 | 5 | 4 |
| 16 | 10 | 9 |
| 12 | 6 | 5 |

**1** bis **3** Nachbaraufgaben
△ Mache ein X, wenn eine Aufgabe nicht lösbar ist.



**1**
2 + 10 = 12
10 + 2 = 12

5 + 10 = 15
10 + 5 = 15

7 + 10 = 17
10 + 7 = 17

0 + 10 = 10
10 + 0 = 10

**2**
3 + 10 = 13
10 + 3 = 13

8 + 10 = 18
10 + 8 = 18

1 + 10 = 11
10 + 1 = 11

5 + 10 = 15
10 + 5 = 15

**3**
4 + 10 = 14
10 + 4 = 14

9 + 10 = 19
10 + 9 = 19

6 + 10 = 16
10 + 6 = 16

10 + 10 = 20
10 + 10 = 20

**4**

**5**

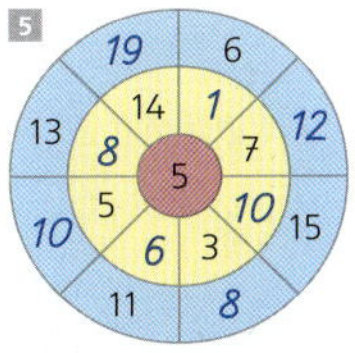


**6**

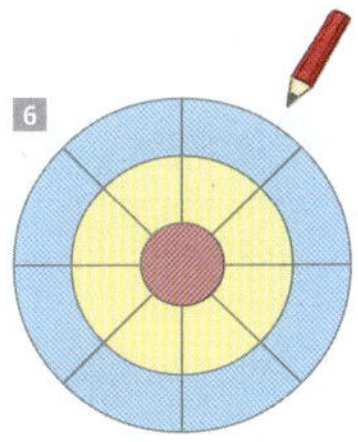

**8**

| | | |
|---|---|---|
| | 20 | |
| 7 | 13 | |
| 3 | 4 | 9 |

**7**

| | | | |
|---|---|---|---|
| | 20 | | |
| | 11 | 9 | |
| 7 | 4 | 5 | |
| 5 | 2 | 2 | 3 |

**9**

| | | | |
|---|---|---|---|
| | 20 | | |
| | 12 | 8 | |
| 7 | 5 | 3 | |
| 3 | 4 | 1 | 2 |



**1** bis **3** Tauschaufgaben
Erfinde selbst eine Aufgabe.

## Die große Rätselseite

| A | B | C | E | F | G | H | I | L | O | S | T | U | V |
|---|---|---|---|---|---|---|---|---|---|---|---|---|---|
| 0 | 1 | 3 | 6 | 7 | 8 | 9 | 10 | 12 | 15 | 17 | 18 | 19 | 20 |

6 + 0 = 6 E
1 + 9 = 10 I
14 + 3 = 17 S
19 + 1 = 20 V
18 − 3 = 15 O
4 + 4 = 8 G
20 − 14 = 6 E
8 + 4 = 12 L

11 + 4 = 15 O
18 − 11 = 7 F
0 + 18 = 18 T
11 − 11 = 0 A
2 + 17 = 19 U
1 + 16 = 17 S
20 − 3 = 17 S
19 − 16 = 3 C

11 − 2 = 9 H
0 + 0 = 0 A
14 + 5 = 19 U
20 − 19 = 1 B
16 − 10 = 6 E
11 + 8 = 19 U
1 + 17 = 18 T
10 − 4 = 6 E

Der E I S V O G E L sitzt O F T am Ufer eines Gewässers und hält A U S S C H A U nach B E U T E.

# Das Übungsheft 2 – Lösungen (Seite 10–13)

**1**

12 − 10 = 2
2 + 10 = 12

20 − 10 = 10
10 + 10 = 20

15 − 10 = 5
5 + 10 = 15

10 − 10 = 0
0 + 10 = 10

**2**

16 − 10 = 6
6 + 10 = 16

13 − 10 = 3
3 + 10 = 13

17 − 10 = 7
7 + 10 = 17

12 − 10 = 2
2 + 10 = 12

**3**

18 − 10 = 8
8 + 10 = 18

14 − 10 = 4
4 + 10 = 14

19 − 10 = 9
9 + 10 = 19

11 − 10 = 1
1 + 10 = 11

**4**

5 4 / 7 4 → 20 (zusammen)
9 3 / 3 2 → 17
0 5 / 1 7 → 13

**5** 8 + 3 = 11
11 − 3 = 8

**6** 15 − 6 = 9
9 + 6 = 15

**7** 8 + 6 = 14
14 − 6 = 8

**8**

18
9 9
4 5 4
3 1 4 0

**9**

20
11 9
5 6 3
0 5 1 2



**1** bis **3** und **5** bis **7** Umkehraufgaben

**1**

3 14 17

3 + 14 = 17
14 + 3 = 17
17 − 14 = 3
17 − 3 = 14

**2**

11 9 20

11 + 9 = 20
9 + 11 = 20
20 − 9 = 11
20 − 11 = 9

**3**

13 5 8

13 − 5 = 8
13 − 8 = 5
8 + 5 = 13
5 + 8 = 13

**4**

16 10 6

16 − 10 = 6
16 − 6 = 10
6 + 10 = 16
10 + 6 = 16

**5**

8 + 4 = 12
12 − 8 = 4

9 + 8 = 17
17 − 9 = 8

7 + 8 = 15
15 − 7 = 8

3 + 8 = 11
11 − 3 = 8

**6**

6 + 6 = 12
12 − 6 = 6

6 + 5 = 11
11 − 5 = 6

6 + 8 = 14
14 − 8 = 6

4 + 9 = 13
13 − 9 = 4

**7**

16 − 7 = 9
16 − 9 = 7

14 − 9 = 5
14 − 5 = 9

15 − 8 = 7
15 − 7 = 8

12 − 8 = 4
12 − 4 = 8

**1** bis **4** Aufgabenfamilien (Tausch- und Umkehraufgaben)
**5** und **6** Umkehraufgaben **7** Tauschaufgaben



## Der 1. Rechenmeister

10 min

4 **1** 3 + 2 = 5
13 + 2 = 15

2 + 6 = 8
12 + 6 = 18

**2** 7 + 3 = 10
17 + 3 = 20

5 + 4 = 9
15 + 4 = 19

**3** 1 + 5 = 6
11 + 5 = 16

2 + 7 = 9
12 + 7 = 19

4
4

4 **4** 7 − 3 = 4
17 − 3 = 14

5 − 5 = 0
15 − 5 = 10

**5** 8 − 6 = 2
18 − 6 = 12

10 − 9 = 1
20 − 9 = 11

**6** 4 − 3 = 1
14 − 3 = 11

9 − 8 = 1
19 − 8 = 11

4
4

4 **7** 6 + 6 = 12
5 + 6 = 11

18 − 9 = 9
19 − 9 = 10

**8** 7 + 7 = 14
7 + 8 = 15

14 − 7 = 7
14 − 6 = 8

**9** 8 + 8 = 16
9 + 8 = 17

16 − 8 = 8
16 − 9 = 7

4
4

6 **10** 5 + 7 = 12
12 − 7 = 5

**11** 5 + 9 = 14
14 − 5 = 9

**12** 15 − 8 = 7
15 − 7 = 8

6 **13**

19
8 11
3 5 6
0 3 2 4

6 **14**

17
7 10
2 5 5
1 1 4 1



Du hast ___ von 54 Aufgaben richtig gelöst.
Urkunde zum Ausdrucken → www.mbverlag.de/urkunde2

## Rund um die Mathematik

**1** **2** **3** **4** **5**

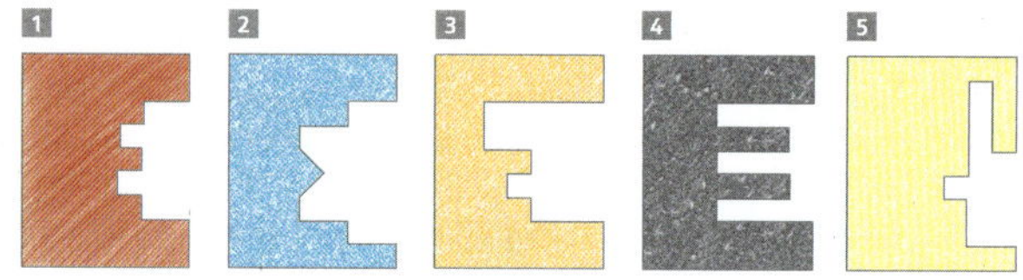

**A** **B** **C** **D** **E**

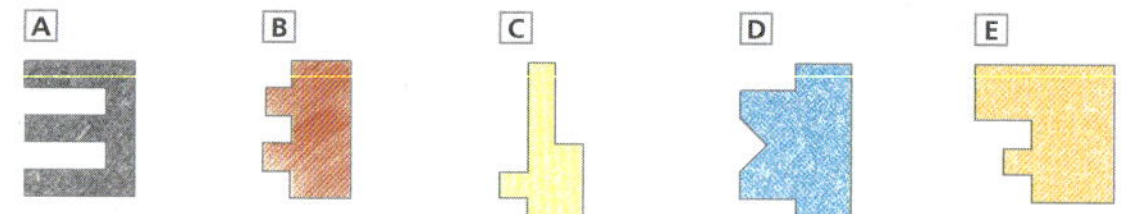

**6**

1 1 1 / 2 2 / 10 → 17 €

2 2 2 2 / 2 2 2 1 → 15 €

10 / 5 / 2 2 → 19 €

**7**

+3 +0 +3 +0 +3 +0 +3 +0 +3 +0 +3

| 0 | 3 | 3 | 6 | 6 | 9 | 9 | 12 | 12 | 15 | 15 | 18 |
|---|---|---|---|---|---|---|---|---|---|---|---|

**8**

−5 +2 −5 +2 −5 +2 −5 +2 −5 +2 −5

| 20 | 15 | 17 | 12 | 14 | 9 | 11 | 6 | 8 | 3 | 5 | 0 |
|---|---|---|---|---|---|---|---|---|---|---|---|

**1** bis **5** Zusammengehörende Teile in der gleichen Farbe färben
**6** Werte in Münzen und Scheine eintragen. **7** und **8** Zahlenfolgen fortsetzen

## Rund um die Mathematik

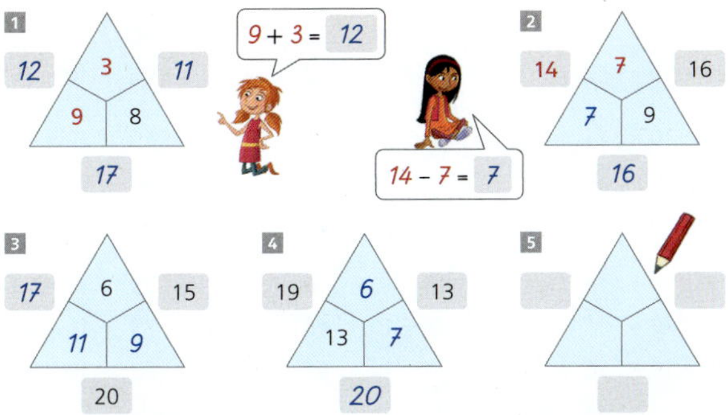


6

7

8

1 bis 5 Rechendreiecke 6 und 7 Muster fortsetzen
8 Geldbeträge berechnen Erfinde selbst eine Aufgabe.

1

| | | | | |
|---|---|---|---|---|
| 17 | + | 3 | = | 20 |
| 20 | – | 4 | = | 16 |
| 16 | + | 3 | = | 19 |
| 19 | – | 4 | = | 15 |
| 15 | + | 3 | = | 18 |
| 18 | – | 4 | = | 14 |
| 14 | + | 3 | = | 17 |
| 17 | – | 4 | = | 13 |
| 13 | + | 3 | = | 16 |
| 16 | – | 4 | = | 12 |
| 12 | + | 3 | = | 15 |

2

| | | | | |
|---|---|---|---|---|
| 2 | + | 3 | = | 5 |
| 5 | + | 4 | = | 9 |
| 9 | – | 6 | = | 3 |
| 3 | + | 3 | = | 6 |
| 6 | + | 4 | = | 10 |
| 10 | – | 6 | = | 4 |
| 4 | + | 3 | = | 7 |
| 7 | + | 4 | = | 11 |
| 11 | – | 6 | = | 5 |
| 5 | + | 3 | = | 8 |
| 8 | + | 4 | = | 12 |

3

| | | | | |
|---|---|---|---|---|
| 20 | – | 2 | = | 18 |
| 18 | – | 4 | = | 14 |
| 14 | + | 2 | = | 16 |
| 16 | – | 2 | = | 14 |
| 14 | – | 4 | = | 10 |
| 10 | + | 2 | = | 12 |
| 12 | – | 2 | = | 10 |
| 10 | – | 4 | = | 6 |
| 6 | + | 2 | = | 8 |
| 8 | – | 2 | = | 6 |
| 6 | – | 4 | = | 2 |

4

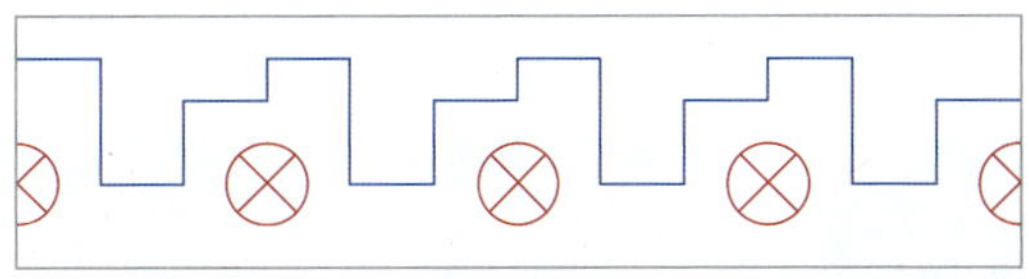

5

1 bis 3 bereiten auf die Knobelseiten 82 und 83 vor.
1 bis 3 Aufgabenfolgen 4 und 5 Muster fortsetzen



1

2 + 2 = 4
20 + 20 = 40

4 + 4 = 8
40 + 40 = 80

3 + 5 = 8
30 + 50 = 80

1 + 3 = 4
10 + 30 = 40

5 + 3 = 8
50 + 30 = 80

2

6 – 3 = 3
60 – 30 = 30

8 – 2 = 6
80 – 20 = 60

10 – 4 = 6
100 – 40 = 60

9 – 6 = 3
90 – 60 = 30

7 – 5 = 2
70 – 50 = 20

3

7 + 2 = 9
70 + 20 = 90

8 – 4 = 4
80 – 40 = 40

3 + 6 = 9
30 + 60 = 90

9 – 5 = 4
90 – 50 = 40

5 + 4 = 9
50 + 40 = 90

4

| + | 1 | 2 |
|---|---|---|
| 0 | 1 | 2 |
| 10 | 11 | 12 |
| 20 | 21 | 22 |
| 30 | 31 | 32 |
| 40 | 41 | 42 |
| 50 | 51 | 52 |
| 60 | 61 | 62 |
| 70 | 71 | 72 |
| 80 | 81 | 82 |
| 90 | 91 | 92 |

5

| – | 1 | 3 | 5 | 8 |
|---|---|---|---|---|
| 10 | 9 | 7 | 5 | 2 |
| 20 | 19 | 17 | 15 | 12 |
| 30 | 29 | 27 | 25 | 22 |
| 40 | 39 | 37 | 35 | 32 |
| 50 | 49 | 47 | 45 | 42 |
| 60 | 59 | 57 | 55 | 52 |
| 70 | 69 | 67 | 65 | 62 |
| 80 | 79 | 77 | 75 | 72 |
| 90 | 89 | 87 | 85 | 82 |
| 100 | 99 | 97 | 95 | 92 |

6

| + | 3 | 5 |
|---|---|---|
| 0 | 3 | 5 |
| 10 | 13 | 15 |
| 20 | 23 | 25 |
| 30 | 33 | 35 |
| 40 | 43 | 45 |
| 50 | 53 | 55 |
| 60 | 63 | 65 |
| 70 | 73 | 75 |
| 80 | 83 | 85 |
| 90 | 93 | 95 |



1 bis 3 Analogieaufgaben (Einer, Zehner)
4 bis 6 Analogieaufgaben in Tabellen

1

9 – 6 = 3
90 – 60 = 30

3 + 4 = 7
30 + 40 = 70

8 – 7 = 1
80 – 70 = 10

5 + 3 = 8
50 + 30 = 80

2

40 + 30 = 70
70 – 30 = 40

30 + 60 = 90
90 – 60 = 30

70 + 10 = 80
80 – 10 = 70

20 + 30 = 50
50 – 30 = 20

3

60 – 20 = 40
60 – 40 = 20

30 – 0 = 30
30 – 30 = 0

90 – 80 = 10
90 – 10 = 80

40 – 30 = 10
40 – 10 = 30

4

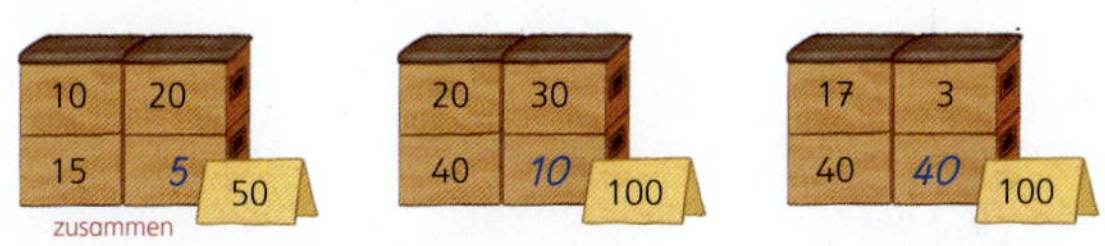

6

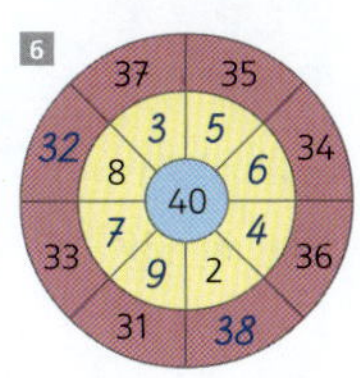


5

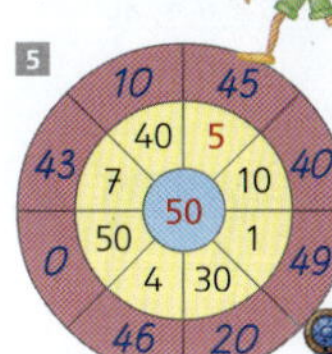

7

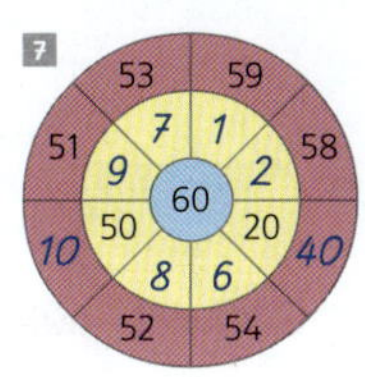


1 Analogieaufgaben (Einer, Zehner)
2 Umkehraufgaben 3 Tauschaufgaben

# Das Übungsheft 2 – Lösungen (Seite 18–21)

## Seite 18

**1**

| + | 1 |
|---|---|
| 9 | 10 |
| 39 | 40 |
| 59 | 60 |
| 89 | 90 |
| 19 | 20 |
| 79 | 80 |
| 49 | 50 |
| 69 | 70 |
| 29 | 30 |
| 99 | 100 |

**2**

| + | 2 | 4 |
|---|---|---|
| 8 | 10 | 12 |
| 38 | 40 | 42 |
| 18 | 20 | 22 |
| 58 | 60 | 62 |
| 28 | 30 | 32 |
| 68 | 70 | 72 |
| 48 | 50 | 52 |
| 78 | 80 | 82 |
| 88 | 90 | 92 |
| 98 | 100 | 102 |

**3**

| − | 1 |
|---|---|
| 10 | 9 |
| 50 | 49 |
| 20 | 19 |
| 40 | 39 |
| 30 | 29 |
| 60 | 59 |
| 90 | 89 |
| 70 | 69 |
| 80 | 79 |
| 100 | 99 |

**4**

| − | 2 | 5 |
|---|---|---|
| 10 | 8 | 5 |
| 40 | 38 | 35 |
| 50 | 48 | 45 |
| 70 | 68 | 65 |
| 30 | 28 | 25 |
| 90 | 88 | 85 |
| 100 | 98 | 95 |
| 80 | 78 | 75 |
| 20 | 18 | 15 |
| 60 | 58 | 55 |

**5**

| | | zusammen |
|---|---|---|
| 15 | 5 | |
| 20 | 10 | 50 |

| | | |
|---|---|---|
| 26 | 30 | |
| 4 | 20 | 80 |

| | | |
|---|---|---|
| 3 | 7 | |
| 60 | 30 | 100 |

| | | |
|---|---|---|
| 2 | 38 | |
| 10 | 5 | 55 |

| | | |
|---|---|---|
| 7 | 88 | |
| 3 | 2 | 100 |

| | | |
|---|---|---|
| 51 | 21 | |
| 11 | 1 | 84 |

| | | |
|---|---|---|
| 8 | 22 | |
| 50 | 9 | 89 |

| | | |
|---|---|---|
| 31 | 9 | |
| 1 | 30 | 71 |

| | | |
|---|---|---|
| | | |
| | | |



1 bis 4 Analogieaufgaben in Tabellen
Erfinde selbst eine Aufgabe.

## Seite 19

**1**

7 + 10 = 17
17 + 10 = 27
27 + 10 = 37

4 + 10 = 14
24 + 10 = 34
44 + 10 = 54

8 + 10 = 18
78 + 10 = 88
88 + 10 = 98

**2**

12 − 10 = 2
22 − 10 = 12
32 − 10 = 22

18 − 10 = 8
28 − 10 = 18
48 − 10 = 38

15 − 10 = 5
55 − 10 = 45
75 − 10 = 65

**3**

16 − 10 = 6
46 − 10 = 36
96 − 10 = 86

9 + 10 = 19
39 + 10 = 49
69 + 10 = 79

13 − 10 = 3
33 − 10 = 23
73 − 10 = 63

**4**

| − | 10 | 30 |
|---|---|---|
| 70 | 60 | 40 |
| 75 | 65 | 45 |
| 60 | 50 | 30 |
| 63 | 53 | 33 |
| 68 | 58 | 38 |

**5**

| + | 10 | 30 | 50 |
|---|---|---|---|
| 20 | 30 | 50 | 70 |
| 26 | 36 | 56 | 76 |
| 10 | 20 | 40 | 60 |
| 3 | 13 | 33 | 53 |
| 23 | 33 | 53 | 73 |

**6**

| − | 20 | 40 |
|---|---|---|
| 40 | 20 | 0 |
| 49 | 29 | 9 |
| 90 | 70 | 50 |
| 96 | 76 | 56 |
| 99 | 79 | 59 |

**7**

28
10 18
7 3 15
4 3 0 15

**8**

100
35 65
5 30 35

**9**

50
30 20
20 10 10
14 6 4 6

1 bis 3 Analogieaufgaben



## Seite 20

**1**

| + | 4 | 6 |
|---|---|---|
| 4 | 8 | 10 |
| 14 | 18 | 20 |
| 24 | 28 | 30 |
| 54 | 58 | 60 |
| 2 | 6 | 8 |
| 12 | 16 | 18 |
| 82 | 86 | 88 |
| 3 | 7 | 9 |
| 33 | 37 | 39 |
| 73 | 77 | 79 |

**2**

| − | 2 | 4 | 6 | 10 |
|---|---|---|---|---|
| 16 | 14 | 12 | 10 | 6 |
| 26 | 24 | 22 | 20 | 16 |
| 36 | 34 | 32 | 30 | 26 |
| 56 | 54 | 52 | 50 | 46 |
| 19 | 17 | 15 | 13 | 9 |
| 39 | 37 | 35 | 33 | 29 |
| 79 | 77 | 75 | 73 | 69 |
| 17 | 15 | 13 | 11 | 7 |
| 47 | 45 | 43 | 41 | 37 |
| 97 | 95 | 93 | 91 | 87 |

**3**

| + | 5 | 10 |
|---|---|---|
| 2 | 7 | 12 |
| 12 | 17 | 22 |
| 22 | 27 | 32 |
| 52 | 57 | 62 |
| 4 | 9 | 14 |
| 14 | 19 | 24 |
| 64 | 69 | 74 |
| 5 | 10 | 15 |
| 25 | 30 | 35 |
| 85 | 90 | 95 |

**4**

64 + 6 = 70
70 − 6 = 64

83 + 7 = 90
90 − 7 = 83

47 + 3 = 50
50 − 3 = 47

**5**

92 − 2 = 90
90 + 2 = 92

75 − 5 = 70
70 + 5 = 75

39 − 9 = 30
30 + 9 = 39

**6**

40 − 2 = 38
38 + 2 = 40

60 − 6 = 54
54 + 6 = 60

30 − 4 = 26
26 + 4 = 30

**7**

| | | zusammen |
|---|---|---|
| 25 | 5 | |
| 20 | 10 | 60 |

| | | |
|---|---|---|
| 37 | 3 | |
| 40 | 20 | 100 |

| | | |
|---|---|---|
| | | |
| | | 90 |



1 bis 3 Analogieaufgaben in Tabellen
4 bis 6 Umkehraufgaben
Erfinde selbst eine Aufgabe.

## Seite 21

**1**

| + | 2 | 4 |
|---|---|---|
| 3 | 5 | 7 |
| 13 | 15 | 17 |
| 23 | 25 | 27 |
| 33 | 35 | 37 |
| 4 | 6 | 8 |
| 34 | 36 | 38 |
| 84 | 86 | 88 |
| 6 | 8 | 10 |
| 46 | 48 | 50 |
| 76 | 78 | 80 |

**2** △

| − | 1 | 5 | 7 | 10 |
|---|---|---|---|---|
| 7 | 6 | 2 | 0 | X |
| 27 | 26 | 22 | 20 | 17 |
| 37 | 36 | 32 | 30 | 27 |
| 77 | 76 | 72 | 70 | 67 |
| 9 | 8 | 4 | 2 | X |
| 19 | 18 | 14 | 12 | 9 |
| 59 | 58 | 54 | 52 | 49 |
| 16 | 15 | 11 | 9 | 6 |
| 46 | 45 | 41 | 39 | 36 |
| 86 | 85 | 81 | 79 | 76 |

**3**

| + | 7 | 10 |
|---|---|---|
| 2 | 9 | 12 |
| 12 | 19 | 22 |
| 42 | 49 | 52 |
| 82 | 89 | 92 |
| 1 | 8 | 11 |
| 21 | 28 | 31 |
| 61 | 68 | 71 |
| 3 | 10 | 13 |
| 13 | 20 | 23 |
| 63 | 70 | 73 |

**4** △

| − | 3 | 5 | 6 | 0 | 8 | 4 | 10 | 9 | 7 | 30 | 50 |
|---|---|---|---|---|---|---|---|---|---|---|---|
| 30 | 27 | 25 | 24 | 30 | 22 | 26 | 20 | 21 | 23 | 0 | X |
| 55 | 52 | 50 | 49 | 55 | 47 | 51 | 45 | 46 | 48 | 25 | 5 |

**5**

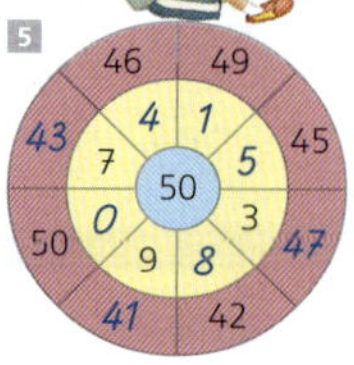


**6**

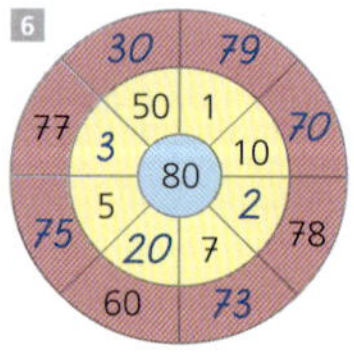

**7**

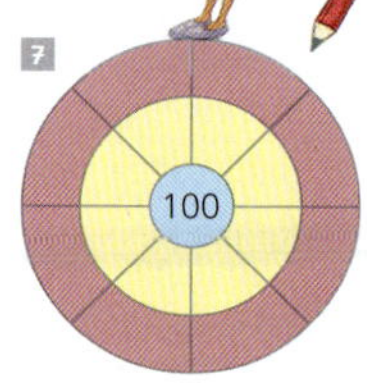


1 bis 3 Analogieaufgaben in Tabellen △ Mache ein X, wenn eine Aufgabe nicht lösbar ist.
Erfinde selbst eine Aufgabe.

**1**

| + | 3 | 5 |
|---|---|---|
| 7 | 10 | 12 |
| 27 | 30 | 32 |
| 47 | 50 | 52 |
| 4 | 7 | 9 |
| 34 | 37 | 39 |
| 74 | 77 | 79 |
| 6 | 9 | 11 |
| 56 | 59 | 61 |
| 3 | 6 | 8 |
| 63 | 66 | 68 |

**2**

| − | 5 | 3 | 10 | 8 |
|---|---|---|---|---|
| 15 | 10 | 12 | 5 | 7 |
| 35 | 30 | 32 | 25 | 27 |
| 65 | 60 | 62 | 55 | 57 |
| 18 | 13 | 15 | 8 | 10 |
| 38 | 33 | 35 | 28 | 30 |
| 68 | 63 | 65 | 58 | 60 |
| 19 | 14 | 16 | 9 | 11 |
| 79 | 74 | 76 | 69 | 71 |
| 14 | 9 | 11 | 4 | 6 |
| 54 | 49 | 51 | 44 | 46 |

**3**

| + | 7 | 10 |
|---|---|---|
| 5 | 12 | 15 |
| 15 | 22 | 25 |
| 35 | 42 | 45 |
| 4 | 11 | 14 |
| 14 | 21 | 24 |
| 64 | 71 | 74 |
| 7 | 14 | 17 |
| 87 | 94 | 97 |
| 3 | 10 | 13 |
| 63 | 70 | 73 |

**4**
30 + 9 = 39
29 + 9 = 38
28 + 9 = 37
27 + 9 = 36
26 + 9 = 35

**5**
40 + 2 = 42
42 + 2 = 44
44 + 2 = 46
46 + 2 = 48
48 + 2 = 50

**6**
60 + 1 = 61
59 + 2 = 61
58 + 3 = 61
57 + 4 = 61
56 + 5 = 61

**7**
50 − 10 = 40
60 − 20 = 40
70 − 30 = 40
80 − 40 = 40
90 − 50 = 40

**8**
89 − 7 = 82
88 − 6 = 82
87 − 5 = 82
86 − 4 = 82
85 − 3 = 82

**9**
90 − 10 = 80
90 − 20 = 70
90 − 30 = 60
90 − 40 = 50
90 − 50 = 40



**1** bis **3** Analogieaufgaben in Tabellen
**4** bis **9** Was fällt auf? Regelmäßigkeiten beschreiben.

**1**
28 2 30
28 + 2 = 30
2 + 28 = 30
30 − 2 = 28
30 − 28 = 2

**2**
67 3 70
67 + 3 = 70
3 + 67 = 70
70 − 3 = 67
70 − 67 = 3

**3**
55 0 55
55 + 0 = 55
0 + 55 = 55
55 − 0 = 55
55 − 55 = 0

**4**
40
34 | 6
30 | 4 | 2

**5**
87
60 | 27
40 | 20 | 7

**6**
68
62 | 6
61 | 1 | 5

**7**
40 | 30 / 20 | 10 → 100
zusammen
40 | 5 / 5 | 40 → 90
80 | 10 / 1 | 9 → 100
2 | 70 / 4 | 4 → 80
3 | 1 / 6 | 60 → 70

**8**

| + | 10 | 30 | 40 | 60 | 70 |
|---|---|---|---|---|---|
| 20 | 30 | 50 | 60 | 80 | 90 |
| 21 | 31 | 51 | 61 | 81 | 91 |

**9**

| − | 10 | 40 | 50 | 60 | 90 |
|---|---|---|---|---|---|
| 90 | 80 | 50 | 40 | 30 | 0 |
| 91 | 81 | 51 | 41 | 31 | 1 |

Erfinde selbst eine Aufgabe.



**1**
30 + 50 = 80
36 + 50 = 86

20 + 70 = 90
22 + 70 = 92

40 + 30 = 70
47 + 30 = 77

60 + 20 = 80
69 + 20 = 89

**2**
80 − 40 = 40
85 − 40 = 45

40 − 30 = 10
47 − 30 = 17

90 − 80 = 10
98 − 80 = 18

60 − 50 = 10
63 − 50 = 13

**3**
85 − 50 = 35
35 + 50 = 85

77 − 50 = 27
27 + 50 = 77

63 − 20 = 43
43 + 20 = 63

49 − 30 = 19
19 + 30 = 49

**4**
Mitte: 35
Innen: 60, 5, 30, 6, 40, 10, 20, 8
Außen: 95, 40, 65, 41, 75, 45, 55, 43

**5**
80
50 | 30
45 | 5 | 25

**6**
Mitte: 93
Innen: 4, 10, 3, 40, 5, 20, 7, 70
Außen: 89, 83, 90, 53, 88, 73, 86, 23

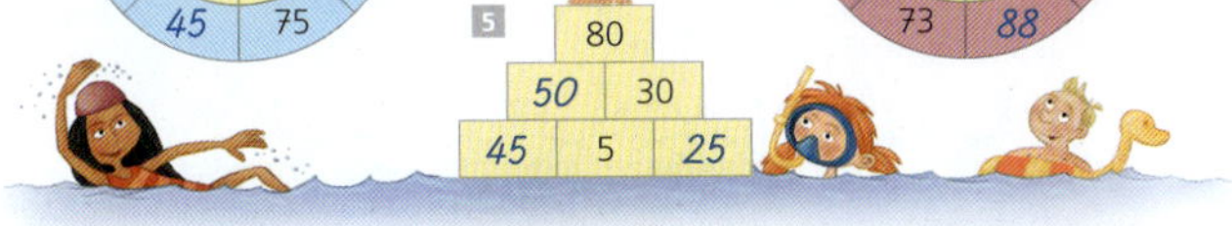

**7**

| + | 5 | 8 | 20 |
|---|---|---|---|
| 42 | 47 | 50 | 62 |
| 45 | 50 | 53 | 65 |
| 56 | 61 | 64 | 76 |
| 70 | 75 | 78 | 90 |

**8**

| − | 5 | 7 | 10 |
|---|---|---|---|
| 40 | 35 | 33 | 30 |
| 45 | 40 | 38 | 35 |
| 56 | 51 | 49 | 46 |
| 90 | 85 | 83 | 80 |

**9**

| + | 10 | 13 | 15 |
|---|---|---|---|
| 30 | 40 | 43 | 45 |
| 50 | 60 | 63 | 65 |
| 20 | 30 | 33 | 35 |
| 80 | 90 | 93 | 95 |



**3** Umkehraufgaben

## Die große Rätselseite

| A | C | D | E | F | G | H | I | L | N | O | P | R | S | T | W |
|---|---|---|---|---|---|---|---|---|---|---|---|---|---|---|---|
| 0 | 13 | 29 | 43 | 50 | 59 | 60 | 66 | 74 | 77 | 80 | 81 | 86 | 92 | 99 | 100 |

86 − 5 = 81 P
20 + 30 = 50 F
50 − 7 = 43 E
60 + 6 = 66 I
70 + 4 = 74 L
61 − 2 = 59 G
36 + 30 = 66 I
70 − 20 = 50 F

100 − 1 = 99 T
100 − 50 = 50 F
2 + 84 = 86 R
40 + 40 = 80 O
100 − 8 = 92 S
9 + 4 = 13 C
10 + 50 = 60 H
90 − 4 = 86 R

43 + 0 = 43 E
53 + 6 = 59 G
93 − 50 = 43 E
80 − 3 = 77 N
1 + 99 = 100 W
78 − 78 = 0 A
84 − 10 = 74 L
29 + 0 = 29 D

Der P F E I L G I F T F R O S C H
lebt im südamerikanischen R E G E N W A L D.

1

| – | 6 | 10 |
|---|---|---|
| 10 | 4 | 0 |
| 16 | 10 | 6 |
| 36 | 30 | 26 |
| 70 | 64 | 60 |
| 76 | 70 | 66 |
| 12 | 6 | 2 |
| 42 | 36 | 32 |
| 11 | 5 | 1 |
| 31 | 25 | 21 |
| 96 | 90 | 86 |

2

| + | 6 | 4 | 10 | 30 |
|---|---|---|---|---|
| 10 | 16 | 14 | 20 | 40 |
| 40 | 46 | 44 | 50 | 70 |
| 6 | 12 | 10 | 16 | 36 |
| 16 | 22 | 20 | 26 | 46 |
| 46 | 52 | 50 | 56 | 76 |
| 8 | 14 | 12 | 18 | 38 |
| 18 | 24 | 22 | 28 | 48 |
| 7 | 13 | 11 | 17 | 37 |
| 37 | 43 | 41 | 47 | 67 |
| 5 | 11 | 9 | 15 | 35 |

3 △

| – | 7 | 20 |
|---|---|---|
| 17 | 10 | X |
| 57 | 50 | 37 |
| 15 | 8 | X |
| 25 | 18 | 5 |
| 65 | 58 | 45 |
| 12 | 5 | X |
| 22 | 15 | 2 |
| 24 | 17 | 4 |
| 44 | 37 | 24 |
| 42 | 35 | 22 |

4

58 – 40 = 18
18 + 40 = 58

83 – 20 = 63
63 + 20 = 83

99 – 60 = 39
39 + 60 = 99

5

76 – 50 = 26
26 + 50 = 76

64 – 30 = 34
34 + 30 = 64

85 – 70 = 15
15 + 70 = 85

6

91 – 3 = 88
88 + 3 = 91

54 – 5 = 49
49 + 5 = 54

81 – 2 = 79
79 + 2 = 81

7

1

35 20 55

35 + 20 = 55
20 + 35 = 55
55 – 20 = 35
55 – 35 = 20

2

87 40 47

87 – 40 = 47
87 – 47 = 40
47 + 40 = 87
40 + 47 = 87

3

19 60 79

19 + 60 = 79
60 + 19 = 79
79 – 60 = 19
79 – 19 = 60

4

62 30 32

62 – 30 = 32
62 – 32 = 30
32 + 30 = 62
30 + 32 = 62

5

24 30 54

24 + 30 = 54
30 + 24 = 54
54 – 30 = 24
54 – 24 = 30

6

28 60 88

28 + 60 = 88
60 + 28 = 88
88 – 60 = 28
88 – 28 = 60

7

18 + 20 = 38
38 + 20 = 58
78 + 20 = 98

5 + 40 = 45
15 + 40 = 55
45 + 40 = 85

6 + 30 = 36
46 + 30 = 76
66 + 30 = 96

8

45 – 20 = 25
65 – 20 = 45
85 – 20 = 65

46 – 40 = 6
56 – 40 = 16
86 – 40 = 46

42 – 30 = 12
62 – 30 = 32
92 – 30 = 62

9

37 – 10 = 27
57 – 30 = 27
77 – 50 = 27

89 + 10 = 99
79 + 20 = 99
39 + 60 = 99

23 – 10 = 13
53 – 40 = 13
83 – 70 = 13



4 bis 6 Umkehraufgaben △ Mache ein X, wenn eine Aufgabe nicht lösbar ist. Erfinde selbst eine Aufgabe.



## Der 2. Rechenmeister

10 min

1

3 + 5 = 8
30 + 50 = 80

2 + 7 = 9
20 + 70 = 90

2

8 – 6 = 2
80 – 60 = 20

7 – 4 = 3
70 – 40 = 30

3

1 + 8 = 9
10 + 80 = 90

10 – 6 = 4
100 – 60 = 40

(4 / 4 / 4)

4

60 + 7 = 67
20 + 1 = 21
30 + 9 = 39
90 + 6 = 96

5

70 – 5 = 65
40 – 3 = 37
80 – 8 = 72
50 – 4 = 46

6

40 + 8 = 48
50 – 8 = 42
70 + 3 = 73
100 – 3 = 97

(4 / 4 / 4)

7

42 + 5 = 47
31 + 9 = 40
73 + 6 = 79
55 + 2 = 57

8

98 – 5 = 93
84 – 3 = 81
76 – 4 = 72
59 – 8 = 51

9

66 + 6 = 72
41 – 3 = 38
87 + 7 = 94
62 – 4 = 58

(4 / 4 / 4)

10

65 + 10 = 75
13 + 30 = 43

11

38 – 10 = 28
87 – 20 = 67

12

88 + 3 = 91
71 – 2 = 69

(2 / 2 / 2)

13

(1 / 1 / 1)

## Rund um die Mathematik

1

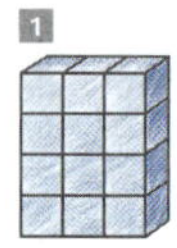

12 Würfel

2

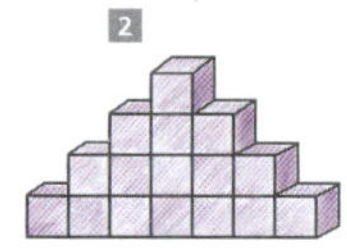

16 Würfel

3

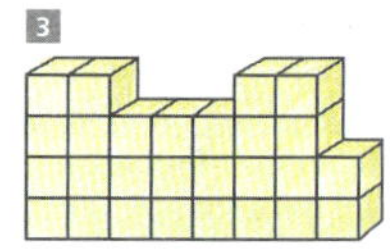

27 Würfel

4

12 Würfel

5

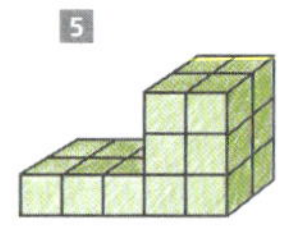

18 Würfel

6

18 Würfel

7

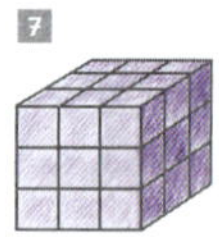

27 Würfel

8

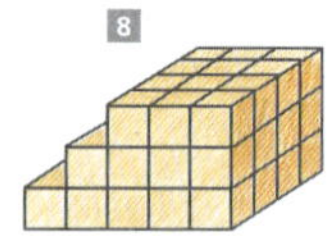

48 Würfel

9

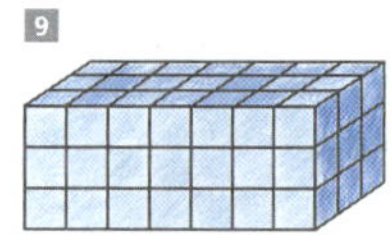

63 Würfel

10

+2 –1 +2 –1 +2 –1 +2 –1 +2 –1

2 | 90 | 4 | 89 | 6 | 88 | 8 | 87 | 10 | 86 | 12 | 85

11

+2 +7 +2 +7 +2 +7 +2 +7 +2 +7

20 | 1 | 22 | 8 | 24 | 15 | 26 | 22 | 28 | 29 | 30 | 36

12

–1 +1 –1 +1 –1 +1 –1 +1 –1 +1

100 | 0 | 99 | 1 | 98 | 2 | 97 | 3 | 96 | 4 | 95 | 5



Du hast ___ von 45 Aufgaben richtig gelöst.
Urkunde zum Ausdrucken → www.mbverlag.de/urkunde2

1 bis 9 Anzahl der Würfel feststellen
10 bis 12 bereiten auf die Knobelseiten 82 und 83 vor.

## Rund um die Mathematik

**1**

Am leichtesten ist Tina.

Am schwersten ist Lea.

**2** 41 · 6 · 11 · 35 · 5 · 40

**3** 79 · 6 · 13 · 73 · 7 · 80

**4** 98 · 91 · 100 · 7 · 9 · 16

**5**

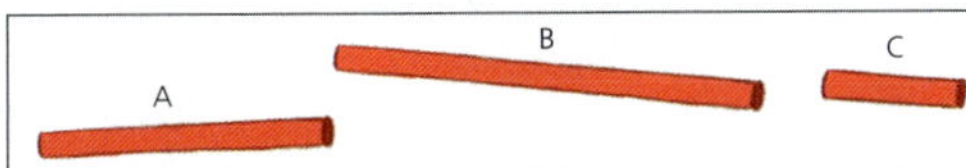


Drei Stäbe sind zusammen 100 cm lang.
A ist 34 cm lang.
B ist 16 cm länger als A.

C ist 16 cm lang.

**6**

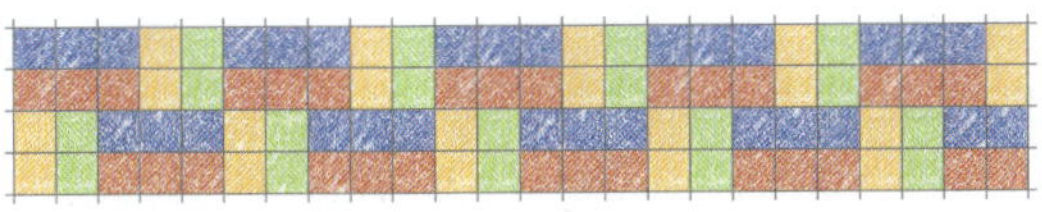



**1** Bildern entnehmen, welches Kind am leichtesten (schwersten) ist
**5** Länge berechnen **6** Muster fortsetzen

**1**

| | |
|---|---|
| 20 | 20 |
| 20 | 10 |
| 10 | (2) (1) (1) |

84 €

| | |
|---|---|
| 50 | 10 |
| 10 | 10 |
| 10 | (2) (2) (2) (1) |

97 €

**2** Nele hat zu ihrem Geburtstag 100 € geschenkt bekommen.
Sie möchte sich dafür ein Einrad und einen Helm kaufen.
Wie viel muss sie für beides zusammen bezahlen?

70 € + 29 € = 99 €

Für beides zusammen muss sie 99 € bezahlen.

Wie viel muss sie noch sparen, damit sie sich auch die Knie- und Handgelenksschoner kaufen kann?

70 € + 29 € + 20 € = 119 €
119 € – 100 € = 19 €

Sie muss noch 19 € sparen.

**1** Werte in Münzen und Scheine eintragen. Mehrere Lösungen sind möglich.



**1**

Ich rechne so:
Zuerst: 26 + 50 = 76
dann: 76 + 6 = 82

26 + 56 = 82
76/82

**2** 38 + 37 = 75
68/75

**3** 67 + 26 = 93
87/93

**4**

Ich rechne so:
Zuerst: 20 + 50 = 70
dann: 6 + 6 = 12
70 + 12 = 82

26 + 56 = 82
70/12

**5** 38 + 37 = 75
60/15

**6** 67 + 26 = 93
80/13

Rechne wie  oder

**7** 57 + 27 = 84 — 77/84 70/14

**8** 25 + 59 = 84 — 75/84 70/14

**9** 48 + 36 = 84 — 78/84 70/14

**10** 66 + 24 = 90 — 86/90 80/10

**11** 54 + 38 = 92 — 84/92 80/12

**12** 24 + 49 = 73 — 64/73 60/13

**13** 36 + 28 = 64 — 56/64 50/14

**14** 49 + 44 = 93 — 89/93 80/13

**15** 78 + 13 = 91 — 88/91 80/11

**16** 25 + 47 = 72 — 65/72 60/12

**17** 33 + 59 = 92 — 83/92 80/12



**1** und **4** Beispiele für Kurzschreibweisen

**1** △

| – | 10 | 30 |
|---|---|---|
| 48 | 38 | 18 |
| 63 | 53 | 33 |
| 35 | 25 | 5 |
| 24 | 14 | X |
| 79 | 69 | 49 |
| 52 | 42 | 22 |
| 67 | 57 | 37 |

**2**

| + | 10 | 12 | 40 | 50 |
|---|---|---|---|---|
| 20 | 30 | 32 | 60 | 70 |
| 13 | 23 | 25 | 53 | 63 |
| 50 | 60 | 62 | 90 | 100 |
| 18 | 28 | 30 | 58 | 68 |
| 40 | 50 | 52 | 80 | 90 |
| 34 | 44 | 46 | 74 | 84 |
| 45 | 55 | 57 | 85 | 95 |

**3**

| – | 5 | 8 |
|---|---|---|
| 13 | 8 | 5 |
| 43 | 38 | 35 |
| 16 | 11 | 8 |
| 22 | 17 | 14 |
| 52 | 47 | 44 |
| 14 | 9 | 6 |
| 94 | 89 | 86 |

**4** 75 – 28 = 47
55/47

**5** 63 – 25 = 38
43/38

**6** 78 – 43 = 35
38/35

**7** 52 – 36 = 16
22/16

**8** 91 – 52 = 39
41/39

**9** 85 – 38 = 47
55/47

**10** 92 – 75 = 17
22/17

**11** 36 – 17 = 19
26/19

**12** 64 – 58 = 6
14/6

**13**

| + | 30 | 36 |
|---|---|---|
| 20 | 50 | 56 |
| 23 | 53 | 59 |

**14**

| + | 20 | 29 |
|---|---|---|
| 50 | 70 | 79 |
| 54 | 74 | 83 |

**15**

| + | 40 | 46 |
|---|---|---|
| 30 | 70 | 76 |
| 38 | 78 | 84 |

△ Mache ein X, wenn eine Aufgabe nicht lösbar ist.
**4** Beispiel für Kurzschreibweise; auch andere Rechenwege möglich

**1**

| | | | | | | | | | | | | |
|---|---|---|---|---|---|---|---|---|---|---|---|---|
| 0 | 1 | 2 | 3 | 4 | 5 | 6 | 7 | 8 | 9 | 10 | 11 | 12 |
| 0 | 2 | 4 | 6 | 8 | 10 | 12 | 14 | 16 | 18 | 20 | 22 | 24 |

**2**

| | | | | | | | | | | | | |
|---|---|---|---|---|---|---|---|---|---|---|---|---|
| 0 | 10 | 20 | 30 | 40 | 50 | 60 | 70 | 80 | 90 | 100 | 110 | 120 |
| 0 | 5 | 10 | 15 | 20 | 25 | 30 | 35 | 40 | 45 | 50 | 55 | 60 |

**3** 14 + 14 = 28
20/8

**4** 27 + 27 = 54
40/14

**5** 16 + 16 = 32
20/12

**6** 38 + 38 = 76
60/16

**7** 49 + 49 = 98
80/18

**8** 35 + 35 = 70
60/10

**9**
92
46 | 46
23 | 23 | 23

**10**
72
36 | 36
18 | 18 | 18

**11**
74
37 | 37
25 | 12 | 25

**12**
48
24 | 24
12 | 12 | 12

**13**
72
36 | 36
33 | 3 | 33

**14**
68
34 | 34
17 | 17 | 17

**15**
30 + 30 = 60
31 + 31 = 62
32 + 32 = 64
33 + 33 = 66
34 + 34 = 68

**16**
23 + 23 = 46
24 + 24 = 48
25 + 25 = 50
26 + 26 = 52
27 + 27 = 54

**17**
40 + 40 = 80
39 + 39 = 78
38 + 38 = 76
37 + 37 = 74
36 + 36 = 72



**3** bis **8** Verschiedene Rechenwege sind möglich (siehe S. 32).

**1**

| + | 4 | 9 |
|---|---|---|
| 5 | 9 | 14 |
| 75 | 79 | 84 |
| 9 | 13 | 18 |
| 6 | 10 | 15 |
| 86 | 90 | 95 |
| 8 | 12 | 17 |
| 68 | 72 | 77 |

**2** △

| – | 4 | 6 | 8 | 14 |
|---|---|---|---|---|
| 14 | 10 | 8 | 6 | 0 |
| 94 | 90 | 88 | 86 | 80 |
| 15 | 11 | 9 | 7 | 1 |
| 12 | 8 | 6 | 4 | X |
| 72 | 68 | 66 | 64 | 58 |
| 17 | 13 | 11 | 9 | 3 |
| 57 | 53 | 51 | 49 | 43 |

**3**

| + | 8 | 16 |
|---|---|---|
| 10 | 18 | 26 |
| 40 | 48 | 56 |
| 80 | 88 | 96 |
| 20 | 28 | 36 |
| 60 | 68 | 76 |
| 30 | 38 | 46 |
| 50 | 58 | 66 |

**4**
Mitte: 90
Innen: 3, 8, 2, 7, 4, 1, 9, 5
Außen: 87, 82, 88, 83, 86, 89, 81, 85

**5**
Mitte: 63
Innen: 50, 3, 20, 5, 60, 6, 30, 9
Außen: 13, 60, 43, 58, 3, 57, 33, 54

**6**
Mitte: 25
Innen: 6, 2, 10, 40, 7, 25, 9, 70
Außen: 31, 27, 35, 65, 32, 50, 34, 95

**7**

16 | 8
14 | 2 — 40
zusammen

44 | 6
3 | 17 — 70

23 | 5
20 | 37 — 85

29 | 3
0 | 17 — 49

36 | 24
6 | 10 — 76

(leer)

△ Mache ein X, wenn eine Aufgabe nicht lösbar ist.
Erfinde selbst eine Aufgabe.



**1**

| | | | | | | | | | | | | | |
|---|---|---|---|---|---|---|---|---|---|---|---|---|---|
| 0 | 2 | 4 | 6 | 8 | 10 | 12 | 14 | 16 | 18 | 20 | 22 | 24 | 26 |

**2**
0 · 2 = 0   2 · 0 = 0
1 · 2 = 2   2 · 1 = 2
2 · 2 = 4   2 · 2 = 4
3 · 2 = 6   2 · 3 = 6
4 · 2 = 8   2 · 4 = 8
5 · 2 = 10   2 · 5 = 10
6 · 2 = 12   2 · 6 = 12
7 · 2 = 14   2 · 7 = 14
8 · 2 = 16   2 · 8 = 16
9 · 2 = 18   2 · 9 = 18
10 · 2 = 20   2 · 10 = 20

**3**
20 = 10 · 2
18 = 9 · 2
16 = 8 · 2
14 = 7 · 2
12 = 6 · 2
10 = 5 · 2
8 = 4 · 2
6 = 3 · 2
4 = 2 · 2
2 = 1 · 2
0 = 0 · 2

**4**
8 · 2 = 16
2 · 8 = 16
4 · 2 = 8
2 · 4 = 8
5 · 2 = 10
2 · 5 = 10
7 · 2 = 14
2 · 7 = 14
9 · 2 = 18
2 · 9 = 18
0 · 2 = 0

**5** 47 + 36 = 83
77/83   70/13

**6** 68 + 24 = 92
88/92   80/12

**7** 81 + 18 = 99
91/99   90/9

**8** 48 + 36 = 84
78/84   70/14

**9** 74 + 25 = 99
94/99   90/9

**10** 34 + 39 = 73
64/73   60/13

**11** 29 + 58 = 87
79/87   70/17

**12** 36 + 45 = 81
76/81   70/11

**13** 27 + 64 = 91
87/91   80/11



**5** bis **13** Verschiedene Rechenwege sind möglich (siehe S. 32).

**1**

| | | | | | | | | | | | | |
|---|---|---|---|---|---|---|---|---|---|---|---|---|
| 0 | 10 | 20 | 30 | 40 | 50 | 60 | 70 | 80 | 90 | 100 | 110 | 120 |

**2**
0 · 10 = 0
1 · 10 = 10
2 · 10 = 20
3 · 10 = 30
4 · 10 = 40
5 · 10 = 50
6 · 10 = 60
7 · 10 = 70
8 · 10 = 80
9 · 10 = 90
10 · 10 = 100

**3**
100 = 10 · 10
20 = 2 · 10
40 = 4 · 10
70 = 7 · 10
0 = 0 · 10
50 = 5 · 10
90 = 9 · 10
30 = 3 · 10
80 = 8 · 10
60 = 6 · 10
10 = 1 · 10

**4**
5 · 10 = 50
10 · 5 = 50
8 · 10 = 80
10 · 8 = 80
3 · 10 = 30
10 · 3 = 30
10 · 10 = 100
10 · 10 = 100
7 · 10 = 70
10 · 7 = 70
0 · 10 = 0

**5**

| + | 30 | 33 |
|---|---|---|
| 30 | 60 | 63 |
| 36 | 66 | 69 |
| 50 | 80 | 83 |
| 57 | 87 | 90 |
| 60 | 90 | 93 |
| 64 | 94 | 97 |
| 40 | 70 | 73 |
| 45 | 75 | 78 |

**6** △

| – | 10 | 15 | 20 | 50 |
|---|---|---|---|---|
| 20 | 10 | 5 | 0 | X |
| 75 | 65 | 60 | 55 | 25 |
| 31 | 21 | 16 | 11 | X |
| 86 | 76 | 71 | 66 | 36 |
| 49 | 39 | 34 | 29 | X |
| 97 | 87 | 82 | 77 | 47 |
| 54 | 44 | 39 | 34 | 4 |
| 65 | 55 | 50 | 45 | 15 |

**7**

| + | 60 | 65 |
|---|---|---|
| 10 | 70 | 75 |
| 15 | 75 | 80 |
| 30 | 90 | 95 |
| 35 | 95 | 100 |
| 20 | 80 | 85 |
| 23 | 83 | 88 |
| 25 | 85 | 90 |
| 28 | 88 | 93 |

△ Mache ein X, wenn eine Aufgabe nicht lösbar ist.

**1**

| | | | | | | | | | | | | |
|---|---|---|---|---|---|---|---|---|---|---|---|---|
| 0 | 5 | 10 | 15 | 20 | 25 | 30 | 35 | 40 | 45 | 50 | 55 | 60 |

**2**

0 · 5 = 0 5 · 0 = 0
1 · 5 = 5 5 · 1 = 5
2 · 5 = 10 5 · 2 = 10
3 · 5 = 15 5 · 3 = 15
4 · 5 = 20 5 · 4 = 20
5 · 5 = 25 5 · 5 = 25
6 · 5 = 30 5 · 6 = 30
7 · 5 = 35 5 · 7 = 35
8 · 5 = 40 5 · 8 = 40
9 · 5 = 45 5 · 9 = 45
10 · 5 = 50 5 · 10 = 50

**3**

50 = 10 · 5
45 = 9 · 5
40 = 8 · 5
35 = 7 · 5
30 = 6 · 5
25 = 5 · 5
20 = 4 · 5
15 = 3 · 5
10 = 2 · 5
5 = 1 · 5
0 = 0 · 5

**4**

4 · 5 = 20
5 · 4 = 20
3 · 5 = 15
5 · 3 = 15
9 · 5 = 45
5 · 9 = 45
7 · 5 = 35
5 · 7 = 35
5 · 5 = 25
5 · 5 = 25
1 · 5 = 5

**5** 46 − 28 = 18
26/18

**6** 94 − 66 = 28
34/28

**7** 85 − 57 = 28
35/28

**8** 72 − 25 = 47
52/47

**9** 81 − 62 = 19
21/19

**10** 65 − 17 = 48
55/48

**11** 73 − 34 = 39
43/39

**12** 52 − 45 = 7
12/7

**13** 67 − 39 = 28
37/28



**5** bis **13** Beispiel für Kurzschreibweise; verschiedene Rechenwege sind möglich (siehe S. 33).

## Die große Rätselseite

| A | C | E | F | G | H | I | L | O | R | S | T | ß |
|---|---|---|---|---|---|---|---|---|---|---|---|---|
| 17 | 25 | 32 | 48 | 50 | 64 | 69 | 72 | 80 | 87 | 93 | 95 | 99 |

25 + 25 = 50 G
100 − 13 = 87 R
61 + 19 = 80 O
50 + 49 = 99 ß
29 + 3 = 32 E
86 + 7 = 93 S
18 + 7 = 25 C
94 − 30 = 64 H

75 − 6 = 69 I
68 + 4 = 72 L
77 − 5 = 72 L
36 − 4 = 32 E
93 − 6 = 87 R
24 + 24 = 48 F
40 − 23 = 17 A
0 + 72 = 72 L

100 − 5 = 95 T
72 − 40 = 32 E
90 − 3 = 87 R
0 + 32 = 32 E
10 + 59 = 69 I
95 − 70 = 25 C
71 − 7 = 64 H
20 + 12 = 32 E

Der G R O ß E S C H I L L E R F A L T E R sitzt gerne im Wald auf einer E I C H E.



**1**

| · | 10 | 5 | 2 |
|---|---|---|---|
| 2 | 20 | 10 | 4 |
| 3 | 30 | 15 | 6 |
| 4 | 40 | 20 | 8 |
| 5 | 50 | 25 | 10 |
| 6 | 60 | 30 | 12 |
| 7 | 70 | 35 | 14 |
| 8 | 80 | 40 | 16 |
| 9 | 90 | 45 | 18 |
| 10 | 100 | 50 | 20 |

**2**

| · | 2 | 3 | 4 | 5 | 6 | 7 |
|---|---|---|---|---|---|---|
| 10 | 20 | 30 | 40 | 50 | 60 | 70 |
| 5 | 10 | 15 | 20 | 25 | 30 | 35 |
| 2 | 4 | 6 | 8 | 10 | 12 | 14 |

**3**

| · | 8 | 9 | 10 | 0 | 1 | 5 |
|---|---|---|---|---|---|---|
| 10 | 80 | 90 | 100 | 0 | 10 | 50 |
| 5 | 40 | 45 | 50 | 0 | 5 | 25 |
| 2 | 16 | 18 | 20 | 0 | 2 | 10 |

**4**

37 + 23 = 60
38 + 22 = 60
39 + 21 = 60
40 + 20 = 60
41 + 19 = 60

**5**

64 + 27 = 91
63 + 28 = 91
62 + 29 = 91
61 + 30 = 91
60 + 31 = 91

**6**

85 − 27 = 58
86 − 28 = 58
87 − 29 = 58
88 − 30 = 58
89 − 31 = 58

**7**

43 − 39 = 4
42 − 38 = 4
41 − 37 = 4
40 − 36 = 4
39 − 35 = 4

**8** 56 + 35 = 91

**9** 74 − 55 = 19

**10**

| | | | | | | | | | | | | |
|---|---|---|---|---|---|---|---|---|---|---|---|---|
| 0 | 4 | 8 | 12 | 16 | 20 | 24 | 28 | 32 | 36 | 40 | 44 | 48 |



**4** bis **9** Was fällt auf? Regelmäßigkeiten beschreiben.
Erfinde selbst eine Aufgabe.

**1**

| · | 2 | 4 | 3 | 6 | 5 | 10 | 1 | 8 | 7 | 9 | 0 |
|---|---|---|---|---|---|---|---|---|---|---|---|
| 5 | 10 | 20 | 15 | 30 | 25 | 50 | 5 | 40 | 35 | 45 | 0 |
| 10 | 20 | 40 | 30 | 60 | 50 | 100 | 10 | 80 | 70 | 90 | 0 |
| 2 | 4 | 8 | 6 | 12 | 10 | 20 | 2 | 16 | 14 | 18 | 0 |

**2**

3 · 5 = 15
3 · 10 = 30
4 · 5 = 20
4 · 10 = 40

**3**

4 · 2 = 8
8 · 2 = 16
3 · 2 = 6
6 · 2 = 12

**4**

3 · 5 = 15
6 · 5 = 30
4 · 5 = 20
8 · 5 = 40

**5**

7 · 2 = 14
9 · 5 = 45
9 · 2 = 18
7 · 5 = 35

**6** 28 25 53

28 + 25 = 53
25 + 28 = 53
53 − 25 = 28
53 − 28 = 25

**7** 79 25 54

79 − 25 = 54
79 − 54 = 25
54 + 25 = 79
25 + 54 = 79

**8** 69 13 82

69 + 13 = 82
13 + 69 = 82
82 − 13 = 69
82 − 69 = 13

**9**

46
25 21
15 10 11
10 5 5 6

**10**

100
60 40
36 24 16

**11**

50
30 20
16 14 6
2 14 0 6

# Das Übungsheft 2 – Lösungen (Seite 42–45)

## Der 3. Rechenmeister

10 min

2 | 1 | 3 · 10 = 30 | 2 | 70 = 7 · 10 | 3 | 6 · 10 = 60
2 | | 5 · 10 = 50 | | 40 = 4 · 10 | | 10 · 10 = 100

2 | 4 | 4 · 5 = 20 | 5 | 10 = 2 · 5 | 6 | 7 · 5 = 35
2 | | 8 · 5 = 40 | | 30 = 6 · 5 | | 9 · 5 = 45

2 | 7 | 10 · 2 = 20 | 8 | 16 = 8 · 2 | 9 | 9 · 2 = 18
2 | | 0 · 2 = 0 | | 10 = 5 · 2 | | 7 · 2 = 14

10 | 27 + 70 = 97 | 11 | 73 − 60 = 13 | 12 | 18 + 72 = 90
4 | 46 + 9 = 55 | 52 − 8 = 44 | 95 − 71 = 24
4 | 35 + 22 = 57 | 88 − 26 = 62 | 24 + 64 = 88
4 | 59 + 8 = 67 | 65 − 7 = 58 | 79 − 59 = 20

1 | 13 | 74 − 35 = 39 | 14 | 26 + 68 = 94 | 15 | 57 − 49 = 8
1 | 44/39 | 86/94 80/14 | 17/8
1

7 3 7

16

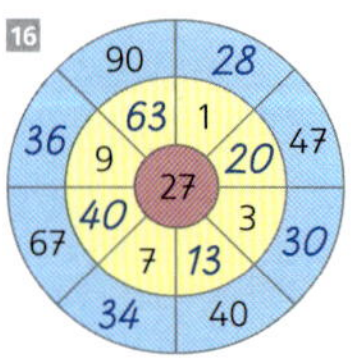


17

| | | |
|---|---|---|
| | 100 | |
| 33 | | 67 |
| 7 | 26 | 41 |

18

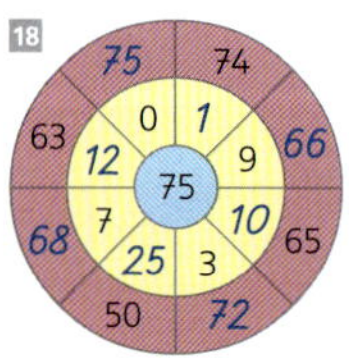




Du hast von 50 Aufgaben richtig gelöst.

Urkunde zum Ausdrucken → www.mbverlag.de/urkunde2

## Rund um die Mathematik

1

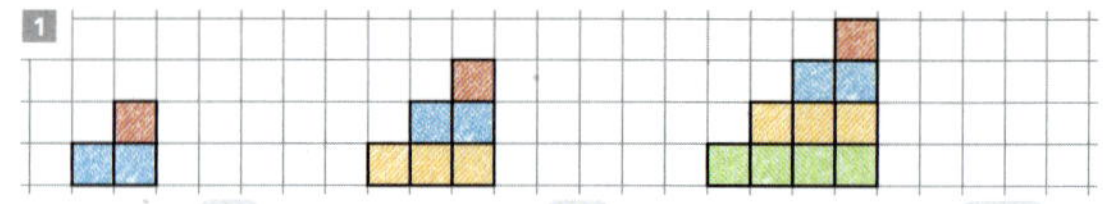

2 + 1 = 3 3 + 2 + 1 = 6 4 + 3 + 2 + 1 = 10

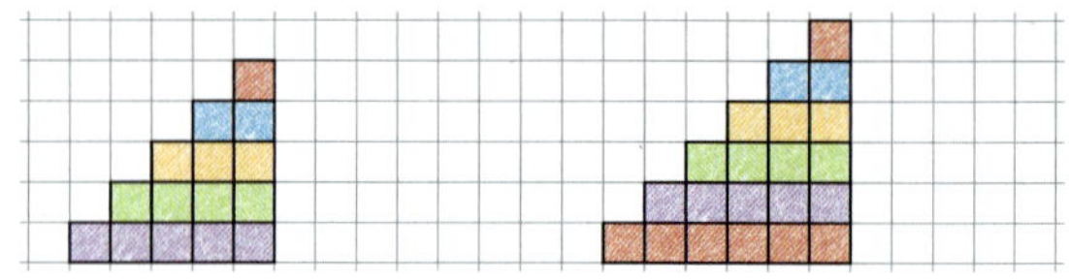

5+4+3+2+1=15 6+5+4+3+2+1=21

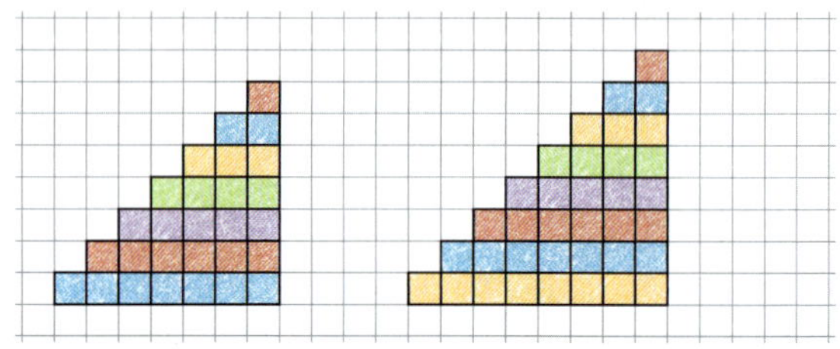

7+6+5+4+3+2+1=28 8+7+6+5+4+3+2+1=36

Treppenzahlen

+3 +4 +5 +6 +7 +8 +9 +10 +11 +12 +13 +14

| | | | | | | | | | | | |
|---|---|---|---|---|---|---|---|---|---|---|---|
| 3 | 6 | 10 | 15 | 21 | 28 | 36 | 45 | 55 | 66 | 78 | 91 | 105 |

1 Regel finden – Muster und Zahlenfolge fortsetzen



## Rund um die Mathematik

1

| Zahl | 20 | 12 | 15 | 37 | 39 | 41 | 48 | 49 |
|---|---|---|---|---|---|---|---|---|
| das Doppelte | 40 | 24 | 30 | 74 | 78 | 82 | 96 | 98 |

2

| Zahl | 24 | 36 | 50 | 92 | 28 | 54 | 58 | 96 |
|---|---|---|---|---|---|---|---|---|
| die Hälfte | 12 | 18 | 25 | 46 | 14 | 27 | 29 | 48 |

3

| | | |
|---|---|---|
| 56 | 20 | 8 |
| 36 | 12 | |
| 24 | | |

4

| | | |
|---|---|---|
| 100 | 70 | 63 |
| 30 | 7 | |
| 23 | | |

5

| | | |
|---|---|---|
| 43 | 25 | 13 |
| 18 | 12 | |
| 6 | | |

6

| | | |
|---|---|---|
| 95 | 75 | 55 |
| 20 | 20 | |
| 0 | | |

7

| | | |
|---|---|---|
| 74 | 30 | 18 |
| 44 | 12 | |
| 32 | | |

8

10 20 30 40 50 60

Der Stab ist 60 cm lang.

Der Draht kann ~~50 cm~~ ~~60 cm~~ 63 cm ~~90 cm~~ lang sein.



Rechne wie Hanna (→ ausklappbare Umschlagseite)

1
39 + 47 = 86 (+1, −1)
40 + 46 = 86

39 + 54 = 93
40 + 53 = 93

39 + 27 = 66
40 + 26 = 66

39 + 66 = 105
40 + 65 = 105

2
59 + 16 = 75
60 + 15 = 75

29 + 63 = 92
30 + 62 = 92

49 + 34 = 83
50 + 33 = 83

69 + 28 = 97
70 + 27 = 97

3
19 + 73 = 92
20 + 72 = 92

49 + 44 = 93
50 + 43 = 93

29 + 71 = 100
30 + 70 = 100

59 + 38 = 97
60 + 37 = 97

4

| + | 25 | 9 | 17 |
|---|---|---|---|
| 66 | 91 | 75 | 83 |
| 25 | 50 | 34 | 42 |
| 60 | 85 | 69 | 77 |
| 71 | 96 | 80 | 88 |

5

| + | 0 | 41 | 11 |
|---|---|---|---|
| 59 | 59 | 100 | 70 |
| 9 | 9 | 50 | 20 |
| 17 | 17 | 58 | 28 |
| 41 | 41 | 82 | 52 |

6

| + | 19 | 39 |
|---|---|---|
| 30 | 49 | 69 |
| 11 | 30 | 50 |
| 41 | 60 | 80 |
| 36 | 55 | 75 |

7

+7 +2 +7 +2 +7 +2 +7 +2 +7 +2 +7

| | | | | | | | | | | | |
|---|---|---|---|---|---|---|---|---|---|---|---|
| 50 | 57 | 59 | 66 | 68 | 75 | 77 | 84 | 86 | 93 | 95 | 102 |

8

+1 +2 +3 +4 +5 +6 +7 +8 +9 +10 +11

| | | | | | | | | | | | |
|---|---|---|---|---|---|---|---|---|---|---|---|
| 10 | 11 | 13 | 16 | 20 | 25 | 31 | 38 | 46 | 55 | 65 | 76 |

9

−2 ·2 −2 ·2 −2 ·2 −2 ·2 −2 ·2 −2

| | | | | | | | | | | | |
|---|---|---|---|---|---|---|---|---|---|---|---|
| 5 | 3 | 6 | 4 | 8 | 6 | 12 | 10 | 20 | 18 | 36 | 34 |

1 bis 9 bereiten auf die Knobelseiten 82 und 83 vor.

## Seite 46

**1**

| | | | | | | | | | | | | |
|---|---|---|---|---|---|---|---|---|---|---|---|---|
| 0 | 4 | 8 | 12 | 16 | 20 | 24 | 28 | 32 | 36 | 40 | 44 | 48 |

**2**

1 · 4 = 4 | 4 · 1 = 4
2 · 4 = 8 | 4 · 2 = 8
3 · 4 = 12 | 4 · 3 = 12
4 · 4 = 16 | 4 · 4 = 16
5 · 4 = 20 | 4 · 5 = 20
6 · 4 = 24 | 4 · 6 = 24
7 · 4 = 28 | 4 · 7 = 28
8 · 4 = 32 | 4 · 8 = 32
9 · 4 = 36 | 4 · 9 = 36
10 · 4 = 40 | 4 · 10 = 40

**3**

20 = 5 · 4
40 = 10 · 4
36 = 9 · 4
32 = 8 · 4
8 = 2 · 4
16 = 4 · 4
4 = 1 · 4
12 = 3 · 4
24 = 6 · 4
28 = 7 · 4

**4**

3 · 4 = 12
4 · 3 = 12
5 · 4 = 20
4 · 5 = 20
9 · 4 = 36
4 · 9 = 36
7 · 4 = 28
4 · 7 = 28
8 · 4 = 32
4 · 8 = 32

**5**

17 + 3 = 20
15 + 25 = 40

| | | |
|---|---|---|
| 17 | 3 | 20 |
| 15 | 25 | 40 |
| | | |

17 + 15 = 32
3 + 25 = 28

| | | |
|---|---|---|
| 17 | 3 | 20 |
| 15 | 25 | 40 |
| 32 | 28 | |

Ich kontrolliere:
20 + 40 = 60
32 + 28 = 60

| | | |
|---|---|---|
| 17 | 3 | 20 |
| 15 | 25 | 40 |
| 32 | 28 | 60 |

**6**

| | | |
|---|---|---|
| 24 | 32 | 56 |
| 26 | 18 | 44 |
| 50 | 50 | 100 |

**7**

| | | |
|---|---|---|
| 17 | 23 | 40 |
| 27 | 23 | 50 |
| 44 | 46 | 90 |

**8**

| | | |
|---|---|---|
| 7 | 27 | 34 |
| 29 | 25 | 54 |
| 36 | 52 | 88 |



**5** bis **8** Plus-Vierecke mit Selbstkontrolle (rote Felder)

## Seite 47

**1**

| | | | | | | | | | | | | |
|---|---|---|---|---|---|---|---|---|---|---|---|---|
| 0 | 8 | 16 | 24 | 32 | 40 | 48 | 56 | 64 | 72 | 80 | 88 | 96 |

**2**

1 · 8 = 8
2 · 8 = 16
3 · 8 = 24
4 · 8 = 32
5 · 8 = 40
6 · 8 = 48
7 · 8 = 56
8 · 8 = 64
9 · 8 = 72
10 · 8 = 80

**3**

1 · 4 = 4 | 4 + 4 = 8
2 · 4 = 8 | 8 + 8 = 16
3 · 4 = 12 | 12 + 12 = 24
4 · 4 = 16 | 16 + 16 = 32
5 · 4 = 20 | 20 + 20 = 40
6 · 4 = 24 | 24 + 24 = 48
7 · 4 = 28 | 28 + 28 = 56
8 · 4 = 32 | 32 + 32 = 64
9 · 4 = 36 | 36 + 36 = 72
10 · 4 = 40 | 40 + 40 = 80

**4**

3 · 8 = 24
8 · 3 = 24
7 · 8 = 56
8 · 7 = 56
5 · 8 = 40
8 · 5 = 40
0 · 8 = 0
8 · 0 = 0
9 · 8 = 72
8 · 9 = 72

**5**
5 · 2 = 10
5 · 4 = 20
5 · 8 = 40

**6**
7 · 2 = 14
7 · 4 = 28
7 · 8 = 56

**7**
9 · 2 = 18
9 · 4 = 36
9 · 8 = 72

**8**
36
16 | 20
4 | 12 | 8

**9**
40
24 | 16
16 | 8 | 8

**10**
72
32 | 40
8 | 24 | 16

**11**
72
24 | 48
16 | 8 | 40

**12**
80
48 | 32
32 | 16 | 16

**3** 4er-Reihe rechnen und das Ergebnis verdoppeln ergibt die 8er-Reihe



## Seite 48

**1**

| · | 3 | 6 | 9 | 0 | 1 | 5 | 10 | 2 | 4 | 8 | 7 |
|---|---|---|---|---|---|---|---|---|---|---|---|
| 2 | 6 | 12 | 18 | 0 | 2 | 10 | 20 | 4 | 8 | 16 | 14 |
| 4 | 12 | 24 | 36 | 0 | 4 | 20 | 40 | 8 | 16 | 32 | 28 |
| 8 | 24 | 48 | 72 | 0 | 8 | 40 | 80 | 16 | 32 | 64 | 56 |

**2**
3 · 4 = 12
3 · 8 = 24
6 · 2 = 12
6 · 4 = 24

**3**
2 · 9 = 18
4 · 9 = 36
4 · 5 = 20
8 · 5 = 40

**4**
4 · 2 = 8
4 · 4 = 16
7 · 4 = 28
7 · 8 = 56

**5**
4 · 4 = 16
8 · 4 = 32
2 · 7 = 14
4 · 7 = 28

**6**
46 + 25 = 71
71 − 25 = 46
16 + 48 = 64
64 − 48 = 16
33 + 46 = 79
79 − 46 = 33

**7**
59 − 41 = 18
59 − 18 = 41
72 − 24 = 48
72 − 48 = 24
85 − 28 = 57
85 − 57 = 28

**8**
80 − 37 = 43
43 + 37 = 80
99 − 77 = 22
22 + 77 = 99
58 − 19 = 39
39 + 19 = 58

**9**

**6** und **8** Umkehraufgaben
**7** Tauschaufgaben

## Seite 49

**1**

| | | | | | | | | | |
|---|---|---|---|---|---|---|---|---|---|
| 10 | 20 | 30 | 40 | 50 | 60 | 70 | 80 | 90 | 100 |
| 1 | 2 | 3 | 4 | 5 | 6 | 7 | 8 | 9 | 10 |

: 10 · 10

**2**

80 = 8 · 10 | 80 : 10 = 8
40 = 4 · 10 | 40 : 10 = 4
20 = 2 · 10 | 20 : 10 = 2
50 = 5 · 10 | 50 : 10 = 5
100 = 10 · 10 | 100 : 10 = 10
90 = 9 · 10 | 90 : 10 = 9
30 = 3 · 10 | 30 : 10 = 3
60 = 6 · 10 | 60 : 10 = 6
70 = 7 · 10 | 70 : 10 = 7
10 = 1 · 10 | 10 : 10 = 1
0 = 0 · 10 | 0 : 10 = 0

**3**

70 : 10 = 7
60 : 10 = 6
20 : 10 = 2
50 : 10 = 5
30 : 10 = 3
40 : 10 = 4
100 : 10 = 10
80 : 10 = 8
90 : 10 = 9
0 : 10 = 0
10 : 10 = 1

**4**

10 · 6 = 60
9 · 6 = 54
10 · 5 = 50
9 · 5 = 45
10 · 3 = 30
9 · 3 = 27
10 · 7 = 70
9 · 7 = 63
10 · 8 = 80
9 · 8 = 72
10 · 0 = 0

**5**

| | | |
|---|---|---|
| 57 | 7 | 64 |
| 6 | 29 | 35 |
| 63 | 36 | 99 |

**6**

| | | |
|---|---|---|
| 4 | 38 | 42 |
| 27 | 9 | 36 |
| 31 | 47 | 78 |

**7**

| | | |
|---|---|---|
| 65 | 8 | 73 |
| 8 | 14 | 22 |
| 73 | 22 | 95 |

**8**

| | | |
|---|---|---|
| 16 | 17 | 33 |
| 18 | 18 | 36 |
| 34 | 35 | 69 |

**9**

| | | |
|---|---|---|
| 13 | 9 | 22 |
| 6 | 24 | 30 |
| 19 | 33 | 52 |

**10**

| | | |
|---|---|---|
| 45 | 6 | 51 |
| 7 | 28 | 35 |
| 52 | 34 | 86 |

# Das Übungsheft 2 – Lösungen (Seite 50–53)

**1** :5 / ·5

| 5 | 10 | 15 | 20 | 25 | 30 | 35 | 40 | 45 | 50 |
|---|---|---|---|---|---|---|---|---|---|
| 1 | 2 | 3 | 4 | 5 | 6 | 7 | 8 | 9 | 10 |

**2**

| | |
|---|---|
| 40 = 8 · 5 | 40 : 5 = 8 |
| 5 = 1 · 5 | 5 : 5 = 1 |
| 20 = 4 · 5 | 20 : 5 = 4 |
| 10 = 2 · 5 | 10 : 5 = 2 |
| 25 = 5 · 5 | 25 : 5 = 5 |
| 0 = 0 · 5 | 0 : 5 = 0 |
| 50 = 10 · 5 | 50 : 5 = 10 |
| 45 = 9 · 5 | 45 : 5 = 9 |
| 15 = 3 · 5 | 15 : 5 = 3 |
| 30 = 6 · 5 | 30 : 5 = 6 |
| 35 = 7 · 5 | 35 : 5 = 7 |

**3**

35 : 5 = 7
0 : 5 = 0
30 : 5 = 6
10 : 5 = 2
25 : 5 = 5
15 : 5 = 3
20 : 5 = 4
50 : 5 = 10
40 : 5 = 8
45 : 5 = 9
5 : 5 = 1

**4**

6 · 5 = 30
5 · 6 = 30
8 · 5 = 40
5 · 8 = 40
7 · 5 = 35
5 · 7 = 35
9 · 5 = 45
5 · 9 = 45
0 · 5 = 0
5 · 0 = 0
5 · 5 = 25

**5** 26 + 67 = 93
4/60/3

Zuerst + 4,
dann + 60, dann + 3.
Zusammen: 67

**6** 37 + 36 = 73
3/30/3

**7** 28 + 37 = 65
2/30/5

**8** 17 + 83 = 100
3/80

**9** 49 + 36 = 85
1/30/5

**10** 48 + 25 = 73
2/20/3

**11** 43 + 57 = 100
7/50



5 Beispiel für Kurzschreibweise; auch andere Rechenwege möglich

**1** :4 / ·4

| 4 | 8 | 12 | 16 | 20 | 24 | 28 | 32 | 36 | 40 |
|---|---|---|---|---|---|---|---|---|---|
| 1 | 2 | 3 | 4 | 5 | 6 | 7 | 8 | 9 | 10 |

**2**

| | |
|---|---|
| 32 = 8 · 4 | 32 : 4 = 8 |
| 16 = 4 · 4 | 16 : 4 = 4 |
| 8 = 2 · 4 | 8 : 4 = 2 |
| 20 = 5 · 4 | 20 : 4 = 5 |
| 40 = 10 · 4 | 40 : 4 = 10 |
| 4 = 1 · 4 | 4 : 4 = 1 |
| 12 = 3 · 4 | 12 : 4 = 3 |
| 24 = 6 · 4 | 24 : 4 = 6 |
| 28 = 7 · 4 | 28 : 4 = 7 |
| 36 = 9 · 4 | 36 : 4 = 9 |
| 0 = 0 · 4 | 0 : 4 = 0 |

**3**

20 : 4 = 5
24 : 4 = 6
0 : 4 = 0
28 : 4 = 7
12 : 4 = 3
4 : 4 = 1
40 : 4 = 10
32 : 4 = 8
36 : 4 = 9
8 : 4 = 2
16 : 4 = 4

**4**

7 · 4 = 28
4 · 7 = 28
8 · 4 = 32
4 · 8 = 32
6 · 4 = 24
4 · 6 = 24
3 · 4 = 12
4 · 3 = 12
5 · 4 = 20
4 · 5 = 20
0 · 4 = 0

**5** 12 + 8 = 20
20 − 8 = 12

**6** 11 + 6 = 17
17 − 6 = 11

**7** 35 + 7 = 42
42 − 7 = 35

**8** 26 + 16 = 42
42 − 16 = 26

**9** 48 + 18 = 66
66 − 18 = 48

**10** 57 + 22 = 79
79 − 22 = 57

**11** 64 + 18 = 82
82 − 18 = 64

**12** 59 + 36 = 95
95 − 36 = 59

**13** 34 + 29 = 63
63 − 29 = 34

5 bis 13 Umkehraufgaben



## Die große Rätselseite

| A | C | E | F | H | I | K | L | N | O | R | S | W | . |
|---|---|---|---|---|---|---|---|---|---|---|---|---|---|
| 12 | 16 | 25 | 35 | 38 | 45 | 53 | 59 | 64 | 69 | 74 | 86 | 91 | 99 |

| | | | | | |
|---|---|---|---|---|---|
| 2 + 14 = 16 | C | 8 · 2 = 16 | C | 60 − 1 = 59 | L |
| 63 − 4 = 59 | L | 29 + 9 = 38 | H | 5 · 5 = 25 | E |
| 74 − 5 = 69 | O | 30 − 5 = 25 | E | 56 + 8 = 64 | N |
| 84 + 7 = 91 | W | 62 − 9 = 53 | K | 80 − 6 = 74 | R |
| 4 + 60 = 64 | N | 65 + 4 = 69 | O | 26 + 19 = 45 | I |
| 7 · 5 = 35 | F | 55 + 19 = 74 | R | 28 + 7 = 35 | F |
| 63 − 18 = 45 | I | 2 · 6 = 12 | A | 40 − 5 = 35 | F |
| 92 − 6 = 86 | S | 0 + 59 = 59 | L | 93 + 6 = 99 | . |

Der Lebensraum der

C L O W N F I S C H E ist das

K O R A L L E N R I F F .



**1**

| : | 2 |
|---|---|
| 20 | 10 |
| 10 | 5 |
| 4 | 2 |
| 8 | 4 |
| 16 | 8 |
| 6 | 3 |
| 12 | 6 |
| 18 | 9 |
| 14 | 7 |
| 2 | 1 |
| 0 | 0 |

**2**

| : | 4 | |
|---|---|---|
| 8 | 2 | 2 · 4 = 8 |
| 16 | 4 | 4 · 4 = 16 |
| 32 | 8 | 8 · 4 = 32 |
| 40 | 10 | 10 · 4 = 40 |
| 20 | 5 | 5 · 4 = 20 |
| 12 | 3 | 3 · 4 = 12 |
| 0 | 0 | 0 · 4 = 0 |
| 36 | 9 | 9 · 4 = 36 |
| 28 | 7 | 7 · 4 = 28 |
| 4 | 1 | 1 · 4 = 4 |
| 24 | 6 | 6 · 4 = 24 |

**3**

| : | 8 | |
|---|---|---|
| 24 | 3 | 3 · 8 = 24 |
| 64 | 8 | 8 · 8 = 64 |
| 48 | 6 | 6 · 8 = 48 |
| 16 | 2 | 2 · 8 = 16 |
| 80 | 10 | 10 · 8 = 80 |
| 32 | 4 | 4 · 8 = 32 |
| 8 | 1 | 1 · 8 = 8 |
| 56 | 7 | 7 · 8 = 56 |
| 40 | 5 | 5 · 8 = 40 |
| 0 | 0 | 0 · 8 = 0 |
| 72 | 9 | 9 · 8 = 72 |

**4**

67 + 30 = 97
67 + 29 = 96

35 + 50 = 85
35 + 49 = 84

53 + 40 = 93
53 + 39 = 92

**5**

40 + 26 = 66
39 + 26 = 65

20 + 68 = 88
19 + 68 = 87

50 + 34 = 84
49 + 34 = 83

**6**

37 + 50 = 87
37 + 49 = 86

25 + 70 = 95
25 + 69 = 94

58 + 30 = 88
58 + 29 = 87

**7**

| | | |
|---|---|---|
| 38 | 18 | 56 |
| 2 | 42 | 44 |
| 40 | 60 | 100 |

**8**

| | | |
|---|---|---|
| 59 | 8 | 67 |
| 1 | 32 | 33 |
| 60 | 40 | 100 |

**9**

| | | |
|---|---|---|
| | | |
| | | |
| | | |

4 bis 6 Rechentrick für ⊕: Nachbaraufgaben
Erfinde selbst eine Aufgabe.

**1**

| · | 5 | 10 | 2 | 4 | 8 | 3 | 6 | 9 | 0 | 1 | 7 |
|---|---|---|---|---|---|---|---|---|---|---|---|
| 5 | 25 | 50 | 10 | 20 | 40 | 15 | 30 | 45 | 0 | 5 | 35 |
| 10 | 50 | 100 | 20 | 40 | 80 | 30 | 60 | 90 | 0 | 10 | 70 |
| 2 | 10 | 20 | 4 | 8 | 16 | 6 | 12 | 18 | 0 | 2 | 14 |
| 4 | 20 | 40 | 8 | 16 | 32 | 12 | 24 | 36 | 0 | 4 | 28 |

**2**
15 : 5 = 3
30 : 5 = 6
45 : 5 = 9

**3**
24 : 4 = 6
36 : 4 = 9
16 : 4 = 4

**4**
70 : 10 = 7
50 : 10 = 5
0 : 10 = 0

**5**
16 : 2 = 8
12 : 2 = 6
18 : 2 = 9

**6** 6 5 30
6 · 5 = 30
5 · 6 = 30
30 : 5 = 6
30 : 6 = 5

**7** 7 4 28
7 · 4 = 28
4 · 7 = 28
28 : 4 = 7
28 : 7 = 4

**8** 5 9 45
5 · 9 = 45
9 · 5 = 45
45 : 9 = 5
45 : 5 = 9

**9** 14 2 7
14 : 2 = 7
14 : 7 = 2
7 · 2 = 14
2 · 7 = 14

**10** 36 4 9
36 : 4 = 9
36 : 9 = 4
9 · 4 = 36
4 · 9 = 36

**11**



Erfinde selbst eine Aufgabe.

## Der 4. Rechenmeister

**1**
20 : 4 = 5 5 · 4 = 20
16 : 4 = 4 4 · 4 = 16
18 : 2 = 9 9 · 2 = 18
10 : 2 = 5 5 · 2 = 10

**2**
25 : 5 = 5 5 · 5 = 25 8
40 : 5 = 8 8 · 5 = 40 8
70 : 10 = 7 7 · 10 = 70
100 : 10 = 10 10 · 10 = 100

**3**
2 · 6 = 12
2 · 8 = 16
2 · 3 = 6
2 · 7 = 14

**4**
5 · 7 = 35
5 · 6 = 30
5 · 9 = 45
5 · 3 = 15

**5**
4 · 8 = 32
4 · 6 = 24
4 · 9 = 36
4 · 7 = 28

**6**
2 · 5 = 10 4
9 · 10 = 90 4
3 · 4 = 12 4
0 · 2 = 0 4

**7**

| + | 9 | 20 | 15 | 30 | 36 |
|---|---|---|---|---|---|
| 30 | 39 | 50 | 45 | 60 | 66 |
| 57 | 66 | 77 | 72 | 87 | 93 |

**8** △

| − | 9 | 20 | 15 | 40 | 43 |
|---|---|---|---|---|---|
| 40 | 31 | 20 | 25 | 0 | X |
| 83 | 74 | 63 | 68 | 43 | 40 |

10
10

**9** 30 + 67 = 97
60/7

**10** 25 + 57 = 82
5/50/2

**11** 24 + 49 = 73
6/40/3

1
1
1

**12**

| | | | | |
|---|---|---|---|---|
| | | 81 | | |
| | 40 | 41 | | |
| 19 | 21 | 20 | | |
| 9 | 10 | 11 | 9 | |
| 4 | 5 | 5 | 6 | 3 |

**13**

| | | | | |
|---|---|---|---|---|
| | | 68 | | |
| | 35 | 33 | | |
| 20 | 15 | 18 | | |
| 13 | 7 | 8 | 10 | |
| 7 | 6 | 1 | 7 | 3 |

6
6

Du hast ___ von 67 Aufgaben richtig gelöst.
Urkunde zum Ausdrucken → www.mbverlag.de/urkunde2



## Rund um die Mathematik

**1**

78 €

Das Flugzeug ist billiger als der Teddy.
Das Buch kostet weniger als das Flugzeug.
So viel kann das Flugzeug kosten:

~~8 €~~ ~~15 €~~ ~~28 €~~ ~~29 €~~ 78 € ~~97 €~~ ~~100 €~~

Rechne wie Hanna (→ ausklappbare Umschlagseite)

**2**
53 − 19 = 34
54 − 20 = 34 (+1, +1)
53 − 29 = 24
54 − 30 = 24
53 − 39 = 14
54 − 40 = 14
53 − 49 = 4
54 − 50 = 4
67 − 29 = 38
68 − 30 = 38

**3**
42 − 29 = 13
43 − 30 = 13
52 − 19 = 33
53 − 20 = 33
75 − 49 = 26
76 − 50 = 26
54 − 39 = 15
55 − 40 = 15
88 − 59 = 29
89 − 60 = 29

**4**
82 − 69 = 13
83 − 70 = 13
64 − 39 = 25
65 − 40 = 25
96 − 79 = 17
97 − 80 = 17
71 − 59 = 12
72 − 60 = 12
57 − 19 = 38
58 − 20 = 38

**1**

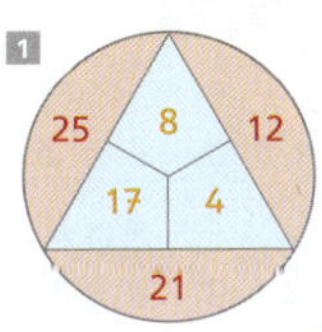


58 29

**2**

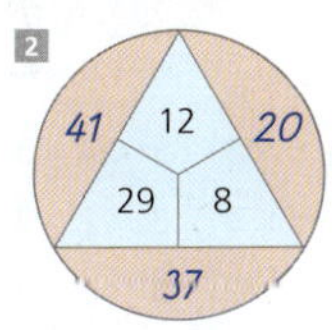


98 49

**3**

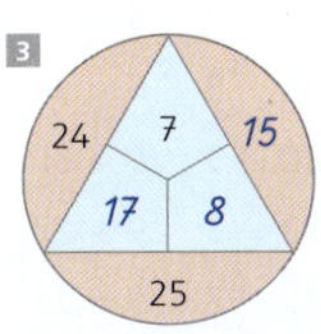


64 32

**4**

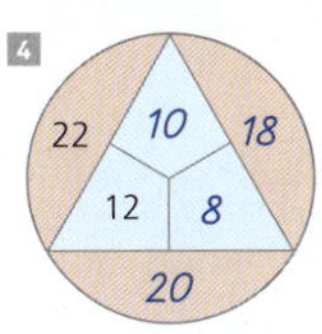


60 30

**5**

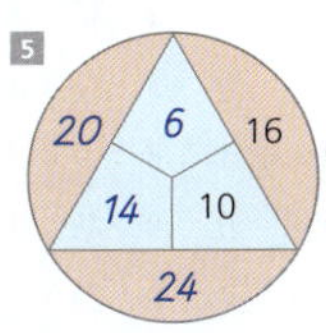


60 30

**6** −5 +3 −5 +3 −5 +3 −5 +3 −5 +3 −5 +3

| | | | | | | | | | | | |
|---|---|---|---|---|---|---|---|---|---|---|---|
| 100 | 3 | 95 | 6 | 90 | 9 | 85 | 12 | 80 | 15 | 75 | 18 |

**7** +6 −10 +6 −10 +6 −10 +6 −10 +6 −10

| | | | | | | | | | | | |
|---|---|---|---|---|---|---|---|---|---|---|---|
| 6 | 100 | 12 | 90 | 18 | 80 | 24 | 70 | 30 | 60 | 36 | 50 |

**8**

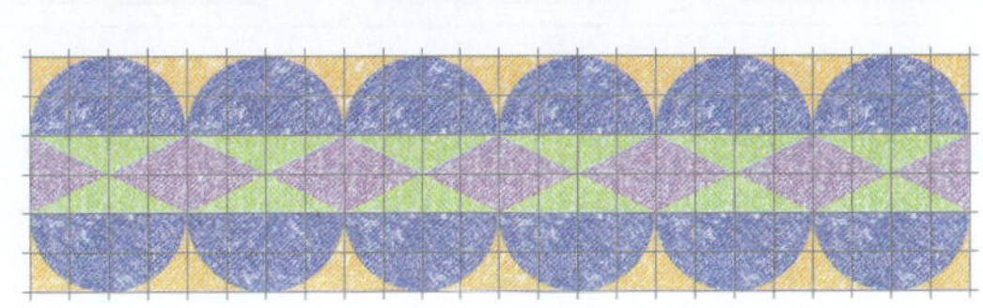



1 Möglichen Preis feststellen
2 bis 4 bereiten auf die Knobelseiten 82 und 83 vor

1 bis 5 Rechendreiecke im Kreis
6 und 7 bereiten auf die Knobelseiten 82 und 83 vor

## Rund um die Mathematik

**1**

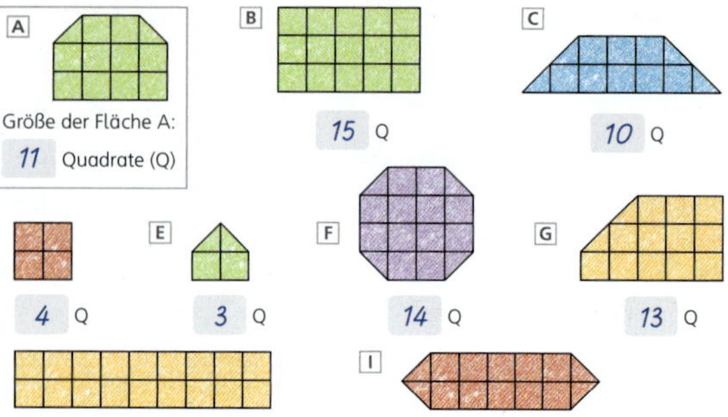

A – Größe der Fläche A: 11 Quadrate (Q)
B – 15 Q
C – 10 Q
D – 4 Q
E – 3 Q
F – 14 Q
G – 13 Q
H – 18 Q
I – 12 Q

E < D < C < A < I < G < F < B < H

**2**

Der Stab besteht aus drei Teilen. Teil A ist 40 cm lang.

Teil B kann ~~10 cm~~ 30 cm ~~40 cm~~ ~~50 cm~~ lang sein.

Teil C kann ~~10 cm~~ ~~30 cm~~ ~~40 cm~~ 50 cm lang sein.

Setze passende Zahlen ein!

**3**
34 + 3 = 52 − 15
34 + 9 = 58 − 15
34 + 7 = 56 − 15

**4**
26 + 9 = 61 − 26
26 + 2 = 54 − 26
26 + 11 = 63 − 26



2 Mögliche Längen bestimmen 3 und 4 Selbst passende Zahlen finden.
Es sind verschiedene Lösungen möglich. 3 und 4 bereiten auf die Knobelseiten 82 und 83 vor

**1**

| | | | | | | | | | | | | |
|---|---|---|---|---|---|---|---|---|---|---|---|---|
| | 2 | 4 | 6 | 8 | 10 | 12 | 14 | 16 | 18 | 20 | 22 | 24 |
| + | 1 | 2 | 3 | 4 | 5 | 6 | 7 | 8 | 9 | 10 | 11 | 12 |
| = | 3 | 6 | 9 | 12 | 15 | 18 | 21 | 24 | 27 | 30 | 33 | 36 |

**2**

| · | 3 | |
|---|---|---|
| 0 | 0 | 3 · 0 = 0 |
| 1 | 3 | 3 · 1 = 3 |
| 2 | 6 | 3 · 2 = 6 |
| 3 | 9 | 3 · 3 = 9 |
| 4 | 12 | 3 · 4 = 12 |
| 5 | 15 | 3 · 5 = 15 |
| 6 | 18 | 3 · 6 = 18 |
| 7 | 21 | 3 · 7 = 21 |
| 8 | 24 | 3 · 8 = 24 |
| 9 | 27 | 3 · 9 = 27 |
| 10 | 30 | 3 · 10 = 30 |

**3**

| · | 2 | 1 | 3 |
|---|---|---|---|
| 5 | 10 | 5 | 15 |
| 2 | 4 | 2 | 6 |
| 10 | 20 | 10 | 30 |
| 3 | 6 | 3 | 9 |
| 1 | 2 | 1 | 3 |
| 4 | 8 | 4 | 12 |
| 6 | 12 | 6 | 18 |
| 8 | 16 | 8 | 24 |
| 7 | 14 | 7 | 21 |
| 0 | 0 | 0 | 0 |
| 9 | 18 | 9 | 27 |

**4**
75 − 30 = 45
75 − 29 = 46
83 − 40 = 43
83 − 39 = 44
94 − 70 = 24
94 − 69 = 25

**5**
57 − 47 = 10
56 − 47 = 9
63 − 33 = 30
62 − 33 = 29
74 − 14 = 60
73 − 14 = 59

**6**
56 − 20 = 36
56 − 19 = 37
47 − 40 = 7
47 − 39 = 8
85 − 80 = 5
85 − 79 = 6

4 bis 6 Nachbaraufgaben



**1**

| | | | | | | | | | | |
|---|---|---|---|---|---|---|---|---|---|---|
| | 3 | 6 | 9 | 12 | 15 | 18 | 21 | 24 | 27 | 30 |
| : 3 ↓ ↑ · 3 | 1 | 2 | 3 | 4 | 5 | 6 | 7 | 8 | 9 | 10 |

**2**
24 = 8 · 3 | 24 : 3 = 8
12 = 4 · 3 | 12 : 3 = 4
6 = 2 · 3 | 6 : 3 = 2
15 = 5 · 3 | 15 : 3 = 5
30 = 10 · 3 | 30 : 3 = 10
27 = 9 · 3 | 27 : 3 = 9
9 = 3 · 3 | 9 : 3 = 3
18 = 6 · 3 | 18 : 3 = 6
21 = 7 · 3 | 21 : 3 = 7
3 = 1 · 3 | 3 : 3 = 1

**3**
2 · 3 = 6 | 3 · 2 = 6
4 · 3 = 12 | 3 · 4 = 12
8 · 3 = 24 | 3 · 8 = 24
1 · 3 = 3 | 3 · 1 = 3
3 · 3 = 9 | 3 · 3 = 9
6 · 3 = 18 | 3 · 6 = 18
10 · 3 = 30 | 3 · 10 = 30
9 · 3 = 27 | 3 · 9 = 27
5 · 3 = 15 | 3 · 5 = 15
7 · 3 = 21 | 3 · 7 = 21

**4**

| | | |
|---|---|---|
| 90 | 60 | 30 |
| 35 | 20 | 15 |
| | | |

| | | |
|---|---|---|
| 90 | 60 | 30 |
| 35 | 20 | 15 |
| 55 | 40 | |

| | | |
|---|---|---|
| 90 | 60 | 30 |
| 35 | 20 | 15 |
| 55 | 40 | 15 |

**5**

| | | |
|---|---|---|
| 86 | 40 | 46 |
| 26 | 22 | 4 |
| 60 | 18 | 42 |

**6**

| | | |
|---|---|---|
| 33 | 12 | 21 |
| 15 | 7 | 8 |
| 18 | 5 | 13 |

**7**

| | | |
|---|---|---|
| 56 | 15 | 41 |
| 22 | 13 | 9 |
| 34 | 2 | 32 |



4 bis 7 Minus-Vierecke mit Selbstkontrolle (rote Felder)

**1**

| | | | | | | | | | | | | |
|---|---|---|---|---|---|---|---|---|---|---|---|---|
| 0 | 6 | 12 | 18 | 24 | 30 | 36 | 42 | 48 | 54 | 60 | 66 | 72 |

**2**
1 · 6 = 6
2 · 6 = 12
3 · 6 = 18
4 · 6 = 24
5 · 6 = 30
6 · 6 = 36
7 · 6 = 42
8 · 6 = 48
9 · 6 = 54
10 · 6 = 60

**3**
1 · 3 = 3 | 3 + 3 = 6
2 · 3 = 6 | 6 + 6 = 12
3 · 3 = 9 | 9 + 9 = 18
4 · 3 = 12 | 12 + 12 = 24
5 · 3 = 15 | 15 + 15 = 30
6 · 3 = 18 | 18 + 18 = 36
7 · 3 = 21 | 21 + 21 = 42
8 · 3 = 24 | 24 + 24 = 48
9 · 3 = 27 | 27 + 27 = 54
10 · 3 = 30 | 30 + 30 = 60

**4**
4 · 6 = 24
6 · 4 = 24
9 · 6 = 54
6 · 9 = 54
0 · 6 = 0
6 · 0 = 0
5 · 6 = 30
6 · 5 = 30
7 · 6 = 42
6 · 7 = 42

**5**
78 − 55 = 23
23 + 55 = 78
54 − 27 = 27
27 + 27 = 54
94 − 31 = 63
63 + 31 = 94
69 − 59 = 10
10 + 59 = 69

**6**
24 + 24 = 48
48 − 24 = 24
36 + 36 = 72
72 − 36 = 36
44 + 26 = 70
70 − 26 = 44
18 + 18 = 36
36 − 18 = 18

**7**
82 − 13 = 69
69 + 13 = 82
28 + 28 = 56
56 − 28 = 28
66 − 38 = 28
28 + 38 = 66
34 + 49 = 83
83 − 49 = 34

3 3er-Reihe rechnen und das Ergebnis verdoppeln ergibt die 6er-Reihe
5 bis 7 Umkehraufgaben

**1**

| :6 | 6 | 12 | 18 | 24 | 30 | 36 | 42 | 48 | 54 | 60 | ·6 |
|---|---|---|---|---|---|---|---|---|---|---|---|
| | 1 | 2 | 3 | 4 | 5 | 6 | 7 | 8 | 9 | 10 | |

**2**

60 : 6 = 10 60 : 10 = 6
54 : 6 = 9 54 : 9 = 6
30 : 6 = 5 30 : 5 = 6
24 : 6 = 4 24 : 4 = 6
48 : 6 = 8 48 : 8 = 6
42 : 6 = 7 42 : 7 = 6
36 : 6 = 6 36 : 6 = 6
6 : 6 = 1 6 : 1 = 6
12 : 6 = 2 12 : 2 = 6
18 : 6 = 3 18 : 3 = 6

**3**

36 = 6 · 6 36 : 6 = 6
12 = 2 · 6 12 : 6 = 2
54 = 9 · 6 54 : 6 = 9
18 = 3 · 6 18 : 6 = 3
60 = 10 · 6 60 : 6 = 10
24 = 4 · 6 24 : 6 = 4
0 = 0 · 6 0 : 6 = 0
42 = 7 · 6 42 : 6 = 7
30 = 5 · 6 30 : 6 = 5
48 = 8 · 6 48 : 6 = 8

**4**

| − | 8 | 10 | 18 |
|---|---|---|---|
| 24 | 16 | 14 | 6 |
| 54 | 46 | 44 | 36 |
| 84 | 76 | 74 | 66 |

**5**

| + | 20 | 26 |
|---|---|---|
| 15 | 35 | 41 |
| 33 | 53 | 59 |
| 67 | 87 | 93 |

**6** △

| − | 6 | 30 | 36 |
|---|---|---|---|
| 33 | 27 | 3 | X |
| 53 | 47 | 23 | 17 |
| 73 | 67 | 43 | 37 |

**7** △

| − | 7 | 20 | 27 |
|---|---|---|---|
| 25 | 18 | 5 | X |
| 55 | 48 | 35 | 28 |
| 95 | 88 | 75 | 68 |

**8**

| + | 12 | 18 |
|---|---|---|
| 12 | 24 | 30 |
| 30 | 42 | 48 |
| 82 | 94 | 100 |

**9**

| − | 9 | 40 | 49 |
|---|---|---|---|
| 66 | 57 | 26 | 17 |
| 76 | 67 | 36 | 27 |
| 86 | 77 | 46 | 37 |



△ Mache ein X, wenn eine Aufgabe nicht lösbar ist.

**1**

| | 10 | 20 | 30 | 40 | 50 | 60 | 70 | 80 | 90 | 100 | 110 | 120 |
|---|---|---|---|---|---|---|---|---|---|---|---|---|
| − | 1 | 2 | 3 | 4 | 5 | 6 | 7 | 8 | 9 | 10 | 11 | 12 |
| = | 9 | 18 | 27 | 36 | 45 | 54 | 63 | 72 | 81 | 90 | 99 | 108 |

**2**

1 · 9 = 9 10 − 1 = 9
2 · 9 = 18 20 − 2 = 18
3 · 9 = 27 30 − 3 = 27
4 · 9 = 36 40 − 4 = 36
5 · 9 = 45 50 − 5 = 45
6 · 9 = 54 60 − 6 = 54
7 · 9 = 63 70 − 7 = 63
8 · 9 = 72 80 − 8 = 72
9 · 9 = 81 90 − 9 = 81
10 · 9 = 90 100 − 10 = 90

**3**

9 · 5 = 45 5 · 9 = 45
9 · 10 = 90 10 · 9 = 90
9 · 1 = 9 1 · 9 = 9
9 · 2 = 18 2 · 9 = 18
9 · 4 = 36 4 · 9 = 36
9 · 8 = 72 8 · 9 = 72
9 · 3 = 27 3 · 9 = 27
9 · 6 = 54 6 · 9 = 54
9 · 9 = 81 9 · 9 = 81
9 · 7 = 63 7 · 9 = 63

**4**

| | | |
|---|---|---|
| 12 | 16 | 28 |
| 14 | 52 | 66 |
| 26 | 68 | 94 |

**5**

| | | |
|---|---|---|
| 23 | 23 | 46 |
| 22 | 22 | 44 |
| 45 | 45 | 90 |

**6**

| | | |
|---|---|---|
| 14 | 34 | 48 |
| 28 | 21 | 49 |
| 42 | 55 | 97 |

**7**

| | | |
|---|---|---|
| 100 | 67 | 33 |
| 43 | 23 | 20 |
| 57 | 44 | 13 |

**8**

| | | |
|---|---|---|
| 59 | 45 | 14 |
| 26 | 12 | 14 |
| 33 | 33 | 0 |

**9**

| | | |
|---|---|---|
| | | |
| | | |
| | | |

Erfinde selbst eine Aufgabe.



**1**

| :9 | 9 | 18 | 27 | 36 | 45 | 54 | 63 | 72 | 81 | 90 | ·9 |
|---|---|---|---|---|---|---|---|---|---|---|---|
| | 1 | 2 | 3 | 4 | 5 | 6 | 7 | 8 | 9 | 10 | |

**2**

45 : 9 = 5 5 · 9 = 45
90 : 9 = 10 10 · 9 = 90
27 : 9 = 3 3 · 9 = 27
54 : 9 = 6 6 · 9 = 54
81 : 9 = 9 9 · 9 = 81
18 : 9 = 2 2 · 9 = 18
72 : 9 = 8 8 · 9 = 72
36 : 9 = 4 4 · 9 = 36
63 : 9 = 7 7 · 9 = 63

**3**

36 : 9 = 4 36 : 4 = 9
63 : 9 = 7 63 : 7 = 9
72 : 9 = 8 72 : 8 = 9
18 : 9 = 2 18 : 2 = 9
54 : 9 = 6 54 : 6 = 9
27 : 9 = 3 27 : 3 = 9
90 : 9 = 10 90 : 10 = 9
45 : 9 = 5 45 : 5 = 9
81 : 9 = 9 81 : 9 = 9

Rechne wie Max (→ ausklappbare Umschlagseite)

**4**

62 − 59 = 3
59 + 3 = 62

51 − 49 = 2
49 + 2 = 51

**5**

91 − 89 = 2
89 + 2 = 91

43 − 39 = 4
39 + 4 = 43

**6**

82 − 79 = 3
79 + 3 = 82

71 − 69 = 2
69 + 2 = 71

**7** △

| − | 8 | 10 | 60 | 57 | 68 |
|---|---|---|---|---|---|
| 60 | 52 | 50 | 0 | 3 | X |
| 68 | 60 | 58 | 8 | 11 | 0 |
| 91 | 83 | 81 | 31 | 34 | 23 |

**8**

| + | 8 | 20 | 50 | 36 | 49 |
|---|---|---|---|---|---|
| 32 | 40 | 52 | 82 | 68 | 81 |
| 44 | 52 | 64 | 94 | 80 | 93 |
| 25 | 33 | 45 | 75 | 61 | 74 |



△ Mache ein X, wenn eine Aufgabe nicht lösbar ist.

## Die große Rätselseite

| A | B | C | D | E | H | I | K | L | M | N | O | P | S | T | U | Y |
|---|---|---|---|---|---|---|---|---|---|---|---|---|---|---|---|---|
| 18 | 21 | 25 | 29 | 36 | 40 | 42 | 48 | 53 | 54 | 58 | 60 | 64 | 75 | 81 | 92 | 100 |

84 − 20 = 64 P
6 · 10 = 60 O
26 + 27 = 53 L
100 · 1 = 100 Y
54 : 1 = 54 M
28 + 14 = 42 I
9 · 9 = 81 T
3 · 6 = 18 A

1 · 53 = 53 L
2 · 9 = 18 A
58 : 1 = 58 N
37 − 8 = 29 D
100 − 25 = 75 S
5 · 5 = 25 C
8 · 5 = 40 H
27 + 31 = 58 N

6 · 6 = 36 E
37 − 12 = 25 C
96 − 48 = 48 K
24 + 12 = 36 E
8 · 6 = 48 K
68 + 24 = 92 U
7 · 3 = 21 B
36 − 18 = 18 A

Die P O L Y M I T A -Schnecke ist eine L A N D S C H N E C K E und lebt in K U B A.

1

| · | 0 | 1 | 2 | 3 | 4 | 5 | 6 | 7 | 8 | 9 | 10 |
|---|---|---|---|---|---|---|---|---|---|---|---|
| 3 | 0 | 3 | 6 | 9 | 12 | 15 | 18 | 21 | 24 | 27 | 30 |
| 6 | 0 | 6 | 12 | 18 | 24 | 30 | 36 | 42 | 48 | 54 | 60 |
| 2 | 0 | 2 | 4 | 6 | 8 | 10 | 12 | 14 | 16 | 18 | 20 |
| 4 | 0 | 4 | 8 | 12 | 16 | 20 | 24 | 28 | 32 | 36 | 40 |

2

36 : 6 = 6 — 6 · 6 = 36
18 : 6 = 3 — 3 · 6 = 18
54 : 6 = 9 — 9 · 6 = 54
48 : 6 = 8 — 8 · 6 = 48
30 : 6 = 5 — 5 · 6 = 30
24 : 6 = 4 — 4 · 6 = 24
42 : 6 = 7 — 7 · 6 = 42
12 : 6 = 2 — 2 · 6 = 12

3

3 · 6 = 18 — 6 · 3 = 18
4 · 6 = 24 — 6 · 4 = 24
5 · 6 = 30 — 6 · 5 = 30
6 · 6 = 36 — 6 · 6 = 36
7 · 6 = 42 — 6 · 7 = 42
8 · 6 = 48 — 6 · 8 = 48
9 · 6 = 54 — 6 · 9 = 54
10 · 6 = 60 — 6 · 10 = 60

4

| − | 6 | 8 |
|---|---|---|
| 13 | 7 | 5 |
| 23 | 17 | 15 |
| 43 | 37 | 35 |
| 73 | 67 | 65 |
| 16 | 10 | 8 |
| 36 | 30 | 28 |
| 66 | 60 | 58 |
| 96 | 90 | 88 |

5

| + | 5 | 8 | 10 |
|---|---|---|---|
| 6 | 11 | 14 | 16 |
| 16 | 21 | 24 | 26 |
| 46 | 51 | 54 | 56 |
| 86 | 91 | 94 | 96 |
| 9 | 14 | 17 | 19 |
| 29 | 34 | 37 | 39 |
| 59 | 64 | 67 | 69 |
| 69 | 74 | 77 | 79 |

6 △

| − | 7 | 15 |
|---|---|---|
| 12 | 5 | X |
| 22 | 15 | 7 |
| 72 | 65 | 57 |
| 92 | 85 | 77 |
| 15 | 8 | 0 |
| 45 | 38 | 30 |
| 75 | 68 | 60 |
| 95 | 88 | 80 |

△ Mache ein X, wenn eine Aufgabe nicht lösbar ist.
**4** bis **6** Analogieaufgaben in den Tabellen



1

| · | 3 | 6 | 2 | 4 | 8 | 5 | 10 | 9 | 1 | 7 | 0 |
|---|---|---|---|---|---|---|---|---|---|---|---|
| 5 | 15 | 30 | 10 | 20 | 40 | 25 | 50 | 45 | 5 | 35 | 0 |
| 10 | 30 | 60 | 20 | 40 | 80 | 50 | 100 | 90 | 10 | 70 | 0 |
| 3 | 9 | 18 | 6 | 12 | 24 | 15 | 30 | 27 | 3 | 21 | 0 |
| 6 | 18 | 36 | 12 | 24 | 48 | 30 | 60 | 54 | 6 | 42 | 0 |

2
5 · 3 = 15
5 · 6 = 30
2 · 3 = 6
2 · 6 = 12
6 · 3 = 18
6 · 6 = 36

3
3 · 3 = 9
3 · 6 = 18
4 · 3 = 12
4 · 6 = 24
1 · 3 = 3
1 · 6 = 6

4
10 · 3 = 30
10 · 6 = 60
9 · 3 = 27
9 · 6 = 54
8 · 3 = 24
8 · 6 = 48

5

| | | |
|---|---|---|
| 69 | 30 | 39 |
| 39 | 17 | 22 |
| 30 | 13 | 17 |

6

| | | |
|---|---|---|
| 80 | 56 | 24 |
| 48 | 40 | 8 |
| 32 | 16 | 16 |

7

| | | |
|---|---|---|
| 72 | 42 | 30 |
| 24 | 12 | 12 |
| 48 | 30 | 18 |

8

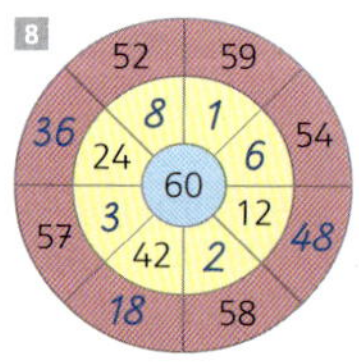


9

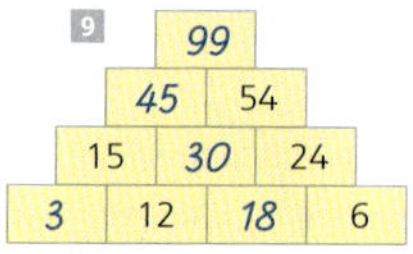


10

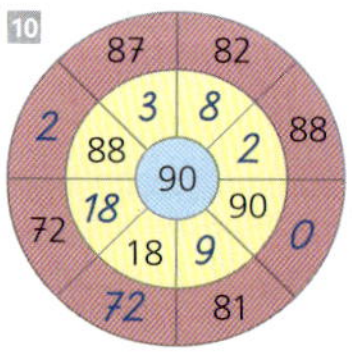




## Der 5. Rechenmeister

10 min

8 — 1 12 : 3 = 4 — 4 · 3 = 12
8 — 9 : 3 = 3 — 3 · 3 = 9
21 : 3 = 7 — 7 · 3 = 21
15 : 3 = 5 — 5 · 3 = 15

2 18 : 6 = 3 — 3 · 6 = 18
30 : 6 = 5 — 5 · 6 = 30
54 : 6 = 9 — 9 · 6 = 54
36 : 6 = 6 — 6 · 6 = 36

8 — 3 27 : 9 = 3 — 3 · 9 = 27
8 — 54 : 9 = 6 — 6 · 9 = 54
72 : 9 = 8 — 8 · 9 = 72
36 : 9 = 4 — 4 · 9 = 36

4 18 : 3 = 6 — 6 · 3 = 18
18 : 9 = 2 — 2 · 9 = 18
42 : 6 = 7 — 7 · 6 = 42
45 : 9 = 5 — 5 · 9 = 45

3 — 5 5 · 7 = 35
3 — 5 · 9 = 45
3 — 3 · 7 = 21

6 4 · 8 = 32
4 · 7 = 28
4 · 9 = 36

7 3 · 9 = 27
6 · 7 = 42
6 · 9 = 54

1 — 8 27 + 59 = 86
1 — 26 + 60 = 86
1

9 83 − 36 = 47
53/47

10 46 + 39 = 85
45 + 40 = 85

10 — 10

11 △

| − | 5 | 8 | 15 | 22 | 90 |
|---|---|---|---|---|---|
| 90 | 85 | 82 | 75 | 68 | 0 |
| 75 | 70 | 67 | 60 | 53 | X |

12

| + | 0 | 8 | 12 | 31 | 52 |
|---|---|---|---|---|---|
| 20 | 20 | 28 | 32 | 51 | 72 |
| 48 | 48 | 56 | 60 | 79 | 100 |

4 — 4 — 4

13

| | | |
|---|---|---|
| 25 | 15 | 40 |
| 20 | 25 | 45 |
| 45 | 40 | 85 |

14

| | | |
|---|---|---|
| 60 | 40 | 20 |
| 45 | 35 | 10 |
| 15 | 5 | 10 |

15

| | | |
|---|---|---|
| 16 | 21 | 37 |
| 16 | 27 | 43 |
| 32 | 48 | 80 |

Du hast von 76 Aufgaben richtig gelöst.
Urkunde zum Ausdrucken → www.mbverlag.de/urkunde2



## Rund um die Mathematik

1

| · | 4 | 6 | 5 | 7 |
|---|---|---|---|---|
| 3 | 12 | 18 | 15 | 21 |
| 5 | 20 | 30 | 25 | 35 |
| 9 | 36 | 54 | 45 | 63 |
| 2 | 8 | 12 | 10 | 14 |

2

| · | 3 | 6 | 5 | 8 |
|---|---|---|---|---|
| 4 | 12 | 24 | 20 | 32 |
| 8 | 24 | 48 | 40 | 64 |
| 6 | 18 | 36 | 30 | 48 |
| 7 | 21 | 42 | 35 | 56 |

Rechne wie Hanna (→ ausklappbare Umschlagseite)

3
74 − 49 = 25
75 − 50 = 25
63 − 19 = 44
64 − 20 = 44

4
37 − 19 = 18
38 − 20 = 18
82 − 69 = 13
83 − 70 = 13

5
55 − 38 = 17
57 − 40 = 17
43 − 28 = 15
45 − 30 = 15

6

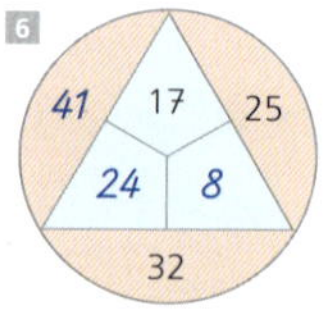


98 49

7

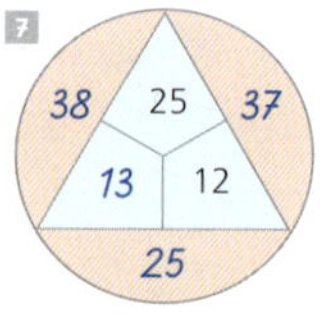


100 50

8

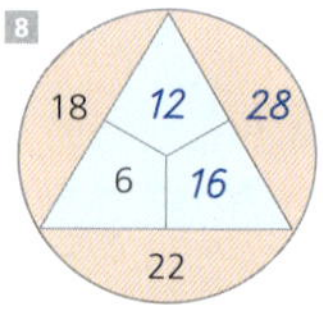


68 34

9

Vera kauft für 68 € Bücher.
Sie bezahlt mit 5 Scheinen und bekommt
2 € zurück. Zeichne die 5 Scheine.

20 — 20 — 10 — 10 — 10

**1** bis **5** bereiten auf die Knobelseiten 82 und 83 vor.
**9** Geldbetrag ermitteln und Scheine zeichnen. Beim Zeichnen sind verschiedene Lösungen möglich.

## Rund um die Mathematik

**1** (−15 von Feld zu Feld)

| | | | | | | | | | | | |
|---|---|---|---|---|---|---|---|---|---|---|---|
| 90 | 90 | 75 | 75 | 60 | 60 | 45 | 45 | 30 | 30 | 15 | 15 |

**2** (−1 −10 −1 −10 −1 −10 −1 −10 −1 −10 −1)

| | | | | | | | | | | | |
|---|---|---|---|---|---|---|---|---|---|---|---|
| 100 | 99 | 89 | 88 | 78 | 77 | 67 | 66 | 56 | 55 | 45 | 44 |

**3**

| : | 2 | 6 | 3 |
|---|---|---|---|
| 24 | 12 | 4 | 8 |
| 6 | 3 | 1 | 2 |
| 18 | 9 | 3 | 6 |
| 12 | 6 | 2 | 4 |

**4**

| : | 4 | 8 | 2 |
|---|---|---|---|
| 16 | 4 | 2 | 8 |
| 8 | 2 | 1 | 4 |
| 24 | 6 | 3 | 12 |
| 40 | 10 | 5 | 20 |

**5**

| : | 5 | 10 | 1 |
|---|---|---|---|
| 40 | 8 | 4 | 40 |
| 30 | 6 | 3 | 30 |
| 50 | 10 | 5 | 50 |
| 10 | 2 | 1 | 10 |

Rechne zu jeder Aufgabe die Kontrolle (K).

**6**
38 : 7 = 5 Rest 3 K: 5 · 7 + 3 = 38
28 : 3 = 9 Rest 1 K: 9 · 3 + 1 = 28
23 : 5 = 4 Rest 3 K: 4 · 5 + 3 = 23
30 : 4 = 7 Rest 2 K: 7 · 4 + 2 = 30
53 : 6 = 8 Rest 5 K: 8 · 6 + 5 = 53

Setze passende Zahlen ein.

**7**
50 − 33 = 17 + 0
50 − 5 = 17 + 28

**8**
23 + 7 = 42 − 12
23 + 10 = 42 − 9

**9**
50 − 0 = 48 + 2
60 − 0 = 48 + 12

**10**
50 − 29 = 10 + 11
67 − 29 = 27 + 11

**1**

| Zahl | 10 | 17 | 26 | 24 | 47 | 48 | 39 | 28 |
|---|---|---|---|---|---|---|---|---|
| das Doppelte | 20 | 34 | 52 | 48 | 94 | 96 | 78 | 56 |

**2**

| Zahl | 12 | 16 | 88 | 76 | 66 | 74 | 70 | 98 |
|---|---|---|---|---|---|---|---|---|
| die Hälfte | 6 | 8 | 44 | 38 | 33 | 37 | 35 | 49 |

Rechne wie Max (→ ausklappbare Umschlagseite)

**3**
71 − 68 = 3
68 + 3 = 71
61 − 59 = 2
59 + 2 = 61
72 − 67 = 5
67 + 5 = 72
83 − 78 = 5
78 + 5 = 83

**4**
52 − 49 = 3
49 + 3 = 52
62 − 59 = 3
59 + 3 = 62
81 − 79 = 2
79 + 2 = 81
42 − 39 = 3
39 + 3 = 42

**5**
91 − 88 = 3
88 + 3 = 91
63 − 59 = 4
59 + 4 = 63
82 − 79 = 3
79 + 3 = 82
43 − 38 = 5
38 + 5 = 43

**6**
Frau Lehmann kauft für ihre Klasse 4 Diabolos und 6 Indiakas.
Wie viel muss sie insgesamt bezahlen?

4 · 9 € = 36 €
6 · 8 € = 48 €
36 € + 48 € = 84 €

Sie muss 84 € bezahlen.


1 bis 10 bereiten auf die Knobelseiten 82 und 83 vor.
7 bis 10 Selbst passende Zahlen finden. Es sind verschiedene Lösungen möglich.


**1**

| : | 2 | |
|---|---|---|
| 10 | 5 | 5 · 2 = 10 |
| 11 | 5 R 1 | 5 · 2 + 1 = 11 |
| 14 | 7 | 7 · 2 = 14 |
| 15 | 7 R 1 | 7 · 2 + 1 = 15 |
| 20 | 10 | 10 · 2 = 20 |
| 21 | 10 R 1 | 10 · 2 + 1 = 21 |
| 0 | 0 | 0 · 2 = 0 |
| 1 | 0 R 1 | 0 · 2 + 1 = 1 |
| 16 | 8 | 8 · 2 = 16 |
| 17 | 8 R 1 | 8 · 2 + 1 = 17 |

**2**

| : | 10 | |
|---|---|---|
| 50 | 5 | 5 · 10 = 50 |
| 57 | 5 R 7 | 5 · 10 + 7 = 57 |
| 30 | 3 | 3 · 10 = 30 |
| 34 | 3 R 4 | 3 · 10 + 4 = 34 |
| 80 | 8 | 8 · 10 = 80 |
| 81 | 8 R 1 | 8 · 10 + 1 = 81 |
| 40 | 4 | 4 · 10 = 40 |
| 45 | 4 R 5 | 4 · 10 + 5 = 45 |
| 90 | 9 | 9 · 10 = 90 |
| 99 | 9 R 9 | 9 · 10 + 9 = 99 |

**3**

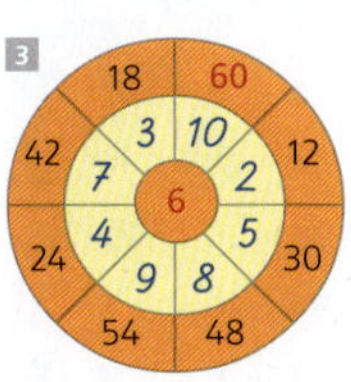

**4**

**5**

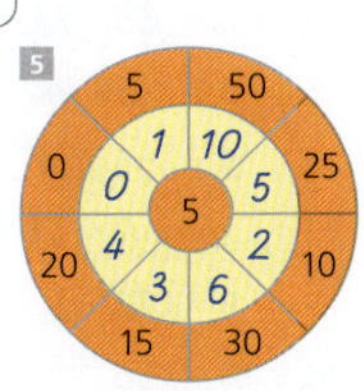

**6**

| | | |
|---|---|---|
| 100 | 67 | 33 |
| 45 | 30 | 15 |
| 55 | 37 | 18 |

**7**

| | | |
|---|---|---|
| 95 | 55 | 40 |
| 43 | 37 | 6 |
| 52 | 18 | 34 |

**8**

| | | |
|---|---|---|
| | | |
| | | |
| | | |

**1**

| : | 5 | |
|---|---|---|
| 10 | 2 | 2 · 5 = 10 |
| 13 | 2 R 3 | 2 · 5 + 3 = 13 |
| 14 | 2 R 4 | 2 · 5 + 4 = 14 |
| 20 | 4 | 4 · 5 = 20 |
| 21 | 4 R 1 | 4 · 5 + 1 = 21 |
| 23 | 4 R 3 | 4 · 5 + 3 = 23 |
| 45 | 9 | 9 · 5 = 45 |
| 47 | 9 R 2 | 9 · 5 + 2 = 47 |
| 49 | 9 R 4 | 9 · 5 + 4 = 49 |
| 50 | 10 | 10 · 5 = 50 |

**2**

| : | 4 | |
|---|---|---|
| 8 | 2 | 2 · 4 = 8 |
| 9 | 2 R 1 | 2 · 4 + 1 = 9 |
| 16 | 4 | 4 · 4 = 16 |
| 19 | 4 R 3 | 4 · 4 + 3 = 19 |
| 40 | 10 | 10 · 4 = 40 |
| 42 | 10 R 2 | 10 · 4 + 2 = 42 |
| 20 | 5 | 5 · 4 = 20 |
| 23 | 5 R 3 | 5 · 4 + 3 = 23 |
| 32 | 8 | 8 · 4 = 32 |
| 35 | 8 R 3 | 8 · 4 + 3 = 35 |

**3** 7 6 42
7 · 6 = 42
6 · 7 = 42
42 : 6 = 7
42 : 7 = 6

**4** 6 8 48
6 · 8 = 48
8 · 6 = 48
48 : 8 = 6
48 : 6 = 8

**5** 54 6 9
54 : 6 = 9
54 : 9 = 6
9 · 6 = 54
6 · 9 = 54

**6** 35 50 85
35 + 50 = 85
50 + 35 = 85
85 − 50 = 35
85 − 35 = 50

**7** 94 20 74
94 − 20 = 74
94 − 74 = 20
74 + 20 = 94
20 + 74 = 94

**8** 4 5 20
4 · 5 = 20
5 · 4 = 20
20 : 5 = 4
20 : 4 = 5


Erfinde selbst eine Aufgabe.

# Das Übungsheft 2 – Lösungen (Seite 74–77)

**Seite 74**

1 ·2

| | | | | | | | | | | | |
|---|---|---|---|---|---|---|---|---|---|---|---|
| 0 | 3 | 6 | 9 | 12 | 15 | 18 | 21 | 24 | 27 | 30 | 33 |
| 0 | 6 | 12 | 18 | 24 | 30 | 36 | 42 | 48 | 54 | 60 | 66 |

2

| : | 3 | |
|---|---|---|
| 9 | 3 | 3 · 3 = 9 |
| 10 | 3 R 1 | 3 · 3 + 1 = 10 |
| 15 | 5 | 5 · 3 = 15 |
| 17 | 5 R 2 | 5 · 3 + 2 = 17 |
| 24 | 8 | 8 · 3 = 24 |
| 26 | 8 R 2 | 8 · 3 + 2 = 26 |
| 12 | 4 | 4 · 3 = 12 |
| 13 | 4 R 1 | 4 · 3 + 1 = 13 |
| 27 | 9 | 9 · 3 = 27 |
| 28 | 9 R 1 | 9 · 3 + 1 = 28 |
| 29 | 9 R 2 | 9 · 3 + 2 = 29 |

3

| : | 6 | |
|---|---|---|
| 30 | 5 | 5 · 6 = 30 |
| 31 | 5 R 1 | 5 · 6 + 1 = 31 |
| 34 | 5 R 4 | 5 · 6 + 4 = 34 |
| 42 | 7 | 7 · 6 = 42 |
| 44 | 7 R 2 | 7 · 6 + 2 = 44 |
| 18 | 3 | 3 · 6 = 18 |
| 23 | 3 R 5 | 3 · 6 + 5 = 23 |
| 36 | 6 | 6 · 6 = 36 |
| 39 | 6 R 3 | 6 · 6 + 3 = 39 |
| 24 | 4 | 4 · 6 = 24 |
| 25 | 4 R 1 | 4 · 6 + 1 = 25 |

4
87 − 60 = 27
87 − 59 = 28
53 − 40 = 13
53 − 39 = 14

5
96 − 80 = 16
96 − 79 = 17
65 − 30 = 35
65 − 29 = 36

6
73 − 20 = 53
73 − 19 = 54
91 − 50 = 41
91 − 49 = 42

7
46
25 21
15 10 11

8
100
60 40
36 24 16

9
50
30 20
14 16 4


4 bis 6 Nachbaraufgaben

**Seite 75**

1 ·2

| | | | | | | | | | | | |
|---|---|---|---|---|---|---|---|---|---|---|---|
| 0 | 4 | 8 | 12 | 16 | 20 | 24 | 28 | 32 | 36 | 40 | 44 |
| 0 | 8 | 16 | 24 | 32 | 40 | 48 | 56 | 64 | 72 | 80 | 88 |

2

| · | 4 | 8 |
|---|---|---|
| 0 | 0 | 0 |
| 1 | 4 | 8 |
| 2 | 8 | 16 |
| 3 | 12 | 24 |
| 4 | 16 | 32 |
| 5 | 20 | 40 |
| 6 | 24 | 48 |
| 7 | 28 | 56 |
| 8 | 32 | 64 |
| 9 | 36 | 72 |
| 10 | 40 | 80 |

3

| : | 8 |
|---|---|
| 80 | 10 |
| 72 | 9 |
| 64 | 8 |
| 56 | 7 |
| 48 | 6 |
| 40 | 5 |
| 32 | 4 |
| 24 | 3 |
| 16 | 2 |
| 8 | 1 |
| 0 | 0 |

4

| : | 8 | |
|---|---|---|
| 48 | 6 | 6 · 8 = 48 |
| 16 | 2 | 2 · 8 = 16 |
| 40 | 5 | 5 · 8 = 40 |
| 32 | 4 | 4 · 8 = 32 |
| 80 | 10 | 10 · 8 = 80 |
| 72 | 9 | 9 · 8 = 72 |
| 24 | 3 | 3 · 8 = 24 |
| 64 | 8 | 8 · 8 = 64 |
| 8 | 1 | 1 · 8 = 8 |
| 56 | 7 | 7 · 8 = 56 |
| 0 | 0 | 0 · 8 = 0 |

5
54 + 20 = 74
54 + 19 = 73
35 + 40 = 75
35 + 39 = 74

6
27 + 60 = 87
27 + 59 = 86
38 + 50 = 88
38 + 49 = 87

7
36 + 30 = 66
36 + 29 = 65
23 + 70 = 93
23 + 69 = 92

8

| | | |
|---|---|---|
| 36 | 6 | 42 |
| 9 | 28 | 37 |
| 45 | 34 | 79 |

9

| | | |
|---|---|---|
| 5 | 66 | 71 |
| 17 | 4 | 21 |
| 22 | 70 | 92 |

10

| | | |
|---|---|---|
| 4 | 28 | 32 |
| 37 | 9 | 46 |
| 41 | 37 | 78 |

5 bis 7 Nachbaraufgaben


**Seite 76**

1

| : | 8 | |
|---|---|---|
| 16 | 2 | 2 · 8 = 16 |
| 17 | 2 R 1 | 2 · 8 + 1 = 17 |
| 19 | 2 R 3 | 2 · 8 + 3 = 19 |
| 24 | 3 | 3 · 8 = 24 |
| 29 | 3 R 5 | 3 · 8 + 5 = 29 |
| 30 | 3 R 6 | 3 · 8 + 6 = 30 |
| 40 | 5 | 5 · 8 = 40 |
| 43 | 5 R 3 | 5 · 8 + 3 = 43 |
| 64 | 8 | 8 · 8 = 64 |
| 69 | 8 R 5 | 8 · 8 + 5 = 69 |

2

| : | 9 | |
|---|---|---|
| 54 | 6 | 6 · 9 = 54 |
| 56 | 6 R 2 | 6 · 9 + 2 = 56 |
| 62 | 6 R 8 | 6 · 9 + 8 = 62 |
| 45 | 5 | 5 · 9 = 45 |
| 48 | 5 R 3 | 5 · 9 + 3 = 48 |
| 50 | 5 R 5 | 5 · 9 + 5 = 50 |
| 63 | 7 | 7 · 9 = 63 |
| 71 | 7 R 8 | 7 · 9 + 8 = 71 |
| 72 | 8 | 8 · 9 = 72 |
| 76 | 8 R 4 | 8 · 9 + 4 = 76 |

3
34 + 26 = 60
60 − 34 = 26
27 + 23 = 50
50 − 27 = 23
46 + 29 = 75
75 − 46 = 29

4
86 − 56 = 30
86 − 30 = 56
73 − 22 = 51
73 − 51 = 22
95 − 21 = 74
95 − 74 = 21

5
20 + 79 = 99
99 − 20 = 79
15 + 52 = 67
67 − 15 = 52
30 + 36 = 66
66 − 30 = 36

6
86
44 42
24 20 22
14 10 10 12

7


4 Tauschaufgaben
Erfinde selbst eine Aufgabe.

**Seite 77**

Die große Rätselseite

| A | D | E | F | G | I | L | M | N | R | T | Ö | ß |
|---|---|---|---|---|---|---|---|---|---|---|---|---|
| 5 | 9 | 16 | 18 | 24 | 36 | 40 | 55 | 56 | 72 | 75 | 79 | 81 |

55 − 0 = 55 M
45 : 9 = 5 A
7 · 8 = 56 N
72 : 8 = 9 D
8 · 9 = 72 R
18 + 18 = 36 I
76 − 36 = 40 L
5 · 8 = 40 L

3 · 8 = 24 G
72 · 1 = 72 R
56 + 23 = 79 Ö
9 · 9 = 81 ß
93 − 18 = 75 T
90 − 74 = 16 E
35 : 7 = 5 A
10 · 4 = 40 L

40 − 0 = 40 L
44 − 28 = 16 E
36 + 36 = 72 R
50 : 10 = 5 A
3 · 6 = 18 F
35 − 17 = 18 F
4 · 4 = 16 E
18 + 38 = 56 N

Der MANDRILL ist nach den Menschenaffen der GRÖßTE ALLER AFFEN.

1

| | | | | | | | | | | | | |
|---|---|---|---|---|---|---|---|---|---|---|---|---|
| 0 | 7 | 14 | 21 | 28 | 35 | 42 | 49 | 56 | 63 | 70 | 77 | 84 |

2

| | |
|---|---|
| 0 · 7 = 0 | 7 · 0 = 0 |
| 1 · 7 = 7 | 7 · 1 = 7 |
| 2 · 7 = 14 | 7 · 2 = 14 |
| 3 · 7 = 21 | 7 · 3 = 21 |
| 4 · 7 = 28 | 7 · 4 = 28 |
| 5 · 7 = 35 | 7 · 5 = 35 |
| 6 · 7 = 42 | 7 · 6 = 42 |
| 7 · 7 = 49 | 7 · 7 = 49 |
| 8 · 7 = 56 | 7 · 8 = 56 |
| 9 · 7 = 63 | 7 · 9 = 63 |
| 10 · 7 = 70 | 7 · 10 = 70 |

3

1 · 7 = 7
2 · 7 = 14
4 · 7 = 28
0 · 7 = 0
3 · 7 = 21
6 · 7 = 42
5 · 7 = 35
10 · 7 = 70
9 · 7 = 63
8 · 7 = 56
7 · 7 = 49

4

70 = 10 · 7
35 = 5 · 7
14 = 2 · 7
28 = 4 · 7
56 = 8 · 7
21 = 3 · 7
42 = 6 · 7
49 = 7 · 7
0 = 0 · 7
7 = 1 · 7
63 = 9 · 7

5

21 + 63 = 84
84 − 63 = 21

28 + 35 = 63
63 − 35 = 28

52 + 47 = 99
99 − 47 = 52

6

99 − 78 = 21
21 + 78 = 99

70 − 56 = 14
14 + 56 = 70

86 − 37 = 49
49 + 37 = 86

7

72 + 27 = 99
99 − 27 = 72

49 − 14 = 35
35 + 14 = 49

77 + 0 = 77
77 − 0 = 77



5 bis 7 Umkehraufgaben

1

| | | | | | | | | | | |
|---|---|---|---|---|---|---|---|---|---|---|
| : 7 ↓ | 7 | 14 | 21 | 28 | 35 | 42 | 49 | 56 | 63 | 70 |
| · 7 ↑ | 1 | 2 | 3 | 4 | 5 | 6 | 7 | 8 | 9 | 10 |

2

| | |
|---|---|
| 70 : 7 = 10 | 70 : 10 = 7 |
| 35 : 7 = 5 | 35 : 5 = 7 |
| 21 : 7 = 3 | 21 : 3 = 7 |
| 63 : 7 = 9 | 63 : 9 = 7 |
| 14 : 7 = 2 | 14 : 2 = 7 |
| 28 : 7 = 4 | 28 : 4 = 7 |
| 56 : 7 = 8 | 56 : 8 = 7 |
| 7 : 7 = 1 | 7 : 1 = 7 |
| 49 : 7 = 7 | 49 : 7 = 7 |
| 42 : 7 = 6 | 42 : 6 = 7 |

3

| | |
|---|---|
| 42 = 6 · 7 | 42 : 7 = 6 |
| 28 = 4 · 7 | 28 : 7 = 4 |
| 56 = 8 · 7 | 56 : 7 = 8 |
| 0 = 0 · 7 | 0 : 7 = 0 |
| 49 = 7 · 7 | 49 : 7 = 7 |
| 35 = 5 · 7 | 35 : 7 = 5 |
| 63 = 9 · 7 | 63 : 7 = 9 |
| 14 = 2 · 7 | 14 : 7 = 2 |
| 7 = 1 · 7 | 7 : 7 = 1 |
| 21 = 3 · 7 | 21 : 7 = 3 |

4

7 8 56

7 · 8 = 56
8 · 7 = 56
56 : 8 = 7
56 : 7 = 8

5

28 7 4

28 : 7 = 4
28 : 4 = 7
4 · 7 = 28
7 · 4 = 28

6

Erfinde selbst eine Aufgabe.



1

| | | | | | | | | | | | | |
|---|---|---|---|---|---|---|---|---|---|---|---|---|
| | 5 | 10 | 15 | 20 | 25 | 30 | 35 | 40 | 45 | 50 | 55 | 60 |
| + | 2 | 4 | 6 | 8 | 10 | 12 | 14 | 16 | 18 | 20 | 22 | 24 |
| = | 7 | 14 | 21 | 28 | 35 | 42 | 49 | 56 | 63 | 70 | 77 | 84 |

2

| · | 5 | 2 | |
|---|---|---|---|
| 1 | 5 | 2 | 1 · 7 = 7 |
| 2 | 10 | 4 | 2 · 7 = 14 |
| 4 | 20 | 8 | 4 · 7 = 28 |
| 8 | 40 | 16 | 8 · 7 = 56 |
| 0 | 0 | 0 | 0 · 7 = 0 |
| 5 | 25 | 10 | 5 · 7 = 35 |
| 10 | 50 | 20 | 10 · 7 = 70 |
| 3 | 15 | 6 | 3 · 7 = 21 |
| 6 | 30 | 12 | 6 · 7 = 42 |
| 9 | 45 | 18 | 9 · 7 = 63 |
| 7 | 35 | 14 | 7 · 7 = 49 |

3

| : | 7 | |
|---|---|---|
| 14 | 2 | 2 · 7 = 14 |
| 16 | 2 R 2 | 2 · 7 + 2 = 16 |
| 19 | 2 R 5 | 2 · 7 + 5 = 19 |
| 35 | 5 | 5 · 7 = 35 |
| 36 | 5 R 1 | 5 · 7 + 1 = 36 |
| 41 | 5 R 6 | 5 · 7 + 6 = 41 |
| 56 | 8 | 8 · 7 = 56 |
| 60 | 8 R 4 | 8 · 7 + 4 = 60 |
| 61 | 8 R 5 | 8 · 7 + 5 = 61 |
| 42 | 6 | 6 · 7 = 42 |
| 45 | 6 R 3 | 6 · 7 + 3 = 45 |

4

56
21 35
14 7 28

5

92
40 52
24 16 36

6

70
28 42
7 21 21

7

| | |
|---|---|
| 23 | 6 |
| 35 | 6 |

70
zusammen

| | |
|---|---|
| 20 | 19 |
| 17 | 14 |

70

| | |
|---|---|
| 28 | 14 |
| 14 | 14 |

70



## Der 6. Rechenmeister

15 min

1

40 + 30 = 70
70 − 50 = 20
30 + 6 = 36
90 − 8 = 82

2

52 + 7 = 59
84 + 5 = 89
48 − 6 = 42
99 − 8 = 91

3

46 + 12 = 58
65 − 13 = 52
74 + 16 = 90
87 − 17 = 70

4 4 4

4

| · | 10 | 2 | 5 |
|---|---|---|---|
| 2 | 20 | 4 | 10 |
| 5 | 50 | 10 | 25 |
| 7 | 70 | 14 | 35 |
| 3 | 30 | 6 | 15 |

5

| · | 4 | 6 | 3 |
|---|---|---|---|
| 10 | 40 | 60 | 30 |
| 8 | 32 | 48 | 24 |
| 0 | 0 | 0 | 0 |
| 3 | 12 | 18 | 9 |

6

| · | 8 | 9 | 7 |
|---|---|---|---|
| 5 | 40 | 45 | 35 |
| 9 | 72 | 81 | 63 |
| 6 | 48 | 54 | 42 |
| 2 | 16 | 18 | 14 |

12 12 12

7

8 : 2 = 4
30 : 5 = 6
16 : 2 = 8

8

36 : 4 = 9
15 : 3 = 5
42 : 6 = 7

9

27 : 9 = 3
32 : 8 = 4
56 : 7 = 8

3 3 3

10

56 : 9 = 6 R 2
43 : 5 = 8 R 3
14 : 3 = 4 R 2

11

34 : 6 = 5 R 4
13 : 4 = 3 R 1
37 : 7 = 5 R 2

12

76 : 8 = 9 R 4
55 : 7 = 7 R 6
70 : 9 = 7 R 7

3 3 3

13

| − | 20 | 50 | 57 |
|---|---|---|---|
| 57 | 37 | 7 | 0 |
| 82 | 62 | 32 | 25 |

14

| + | 30 | 36 | 48 |
|---|---|---|---|
| 33 | 63 | 69 | 81 |
| 48 | 78 | 84 | 96 |

15 △

| − | 50 | 65 | 75 |
|---|---|---|---|
| 100 | 50 | 35 | 25 |
| 73 | 23 | 8 | X |

6 6 6

Du hast ___ von 84 Aufgaben richtig gelöst.
Urkunde zum Ausdrucken → www.mbverlag.de/urkunde2

# Das Übungsheft 2 – Lösungen (Seite 82–83)

## Knobelaufgaben

**1** −5 +4 −5 +4 −5 +4 −5 +4 −5 +4

| | | | | | | | | | | | |
|---|---|---|---|---|---|---|---|---|---|---|---|
| 90 | 4 | 85 | 8 | 80 | 12 | 75 | 16 | 70 | 20 | 65 | 24 |

**2** +8 +8 +8 +8 +8

| | | | | | | | | | | | |
|---|---|---|---|---|---|---|---|---|---|---|---|
| 12 | 12 | 20 | 20 | 28 | 28 | 36 | 36 | 44 | 44 | 52 | 52 |

**3** −10 −9 −8 −7 −6 −5 −4 −3 −2 −1 −0

| | | | | | | | | | | | |
|---|---|---|---|---|---|---|---|---|---|---|---|
| 85 | 75 | 66 | 58 | 51 | 45 | 40 | 36 | 33 | 31 | 30 | 30 |

Rechne zu jeder Aufgabe die Kontrolle (K).

**4**
17 : 3 = 5 Rest 2 K: 5 · 3 + 2 = 17
42 : 8 = 5 Rest 2 K: 5 · 8 + 2 = 42
53 : 7 = 7 Rest 4 K: 7 · 7 + 4 = 53
74 : 10 = 7 Rest 4 K: 7 · 10 + 4 = 74

**5**

| · | 7 | 3 | 9 |
|---|---|---|---|
| 4 | 28 | 12 | 36 |
| 9 | 63 | 27 | 81 |
| 8 | 56 | 24 | 72 |

**6**

| − | 8 | 0 | 19 |
|---|---|---|---|
| 72 | 64 | 72 | 53 |
| 99 | 91 | 99 | 80 |
| 85 | 77 | 85 | 66 |

**7**

| + | 43 | 36 | 19 |
|---|---|---|---|
| 17 | 60 | 53 | 36 |
| 36 | 79 | 72 | 55 |
| 42 | 85 | 78 | 61 |

+, − oder · ?

**8**

| · | 2 | 9 | 4 |
|---|---|---|---|
| 5 | 10 | 45 | 20 |
| 7 | 14 | 63 | 28 |
| 4 | 8 | 36 | 16 |

**9**

| + | 16 | 30 | 54 |
|---|---|---|---|
| 60 | 76 | 90 | 114 |
| 16 | 32 | 46 | 70 |
| 54 | 70 | 84 | 108 |

**10**

| − | 40 | 15 | 45 |
|---|---|---|---|
| 90 | 50 | 75 | 45 |
| 72 | 32 | 57 | 27 |
| 45 | 5 | 30 | 0 |



## Der große Knobelmeister

**1** −10 +6 −10 +6 −10 +6 −10 +6 −10 +6 — 5

| | | | | | | | | | | | |
|---|---|---|---|---|---|---|---|---|---|---|---|
| 100 | 6 | 90 | 12 | 80 | 18 | 70 | 24 | 60 | 30 | 50 | 36 |

**2** ·2 +5 ·2 +5 ·2 +5 ·2 +5 ·2 +5 — 4

| | | | | | | | | | | | |
|---|---|---|---|---|---|---|---|---|---|---|---|
| 2 | 50 | 4 | 55 | 8 | 60 | 16 | 65 | 32 | 70 | 64 | 75 |

**3** — 6

| · | 7 | 9 |
|---|---|---|
| 3 | 21 | 27 |
| 6 | 42 | 54 |
| 4 | 28 | 36 |

**4** — 9

| − | 9 | 22 | 12 |
|---|---|---|---|
| 52 | 43 | 30 | 40 |
| 38 | 29 | 16 | 26 |
| 22 | 13 | 0 | 10 |

**5** — 6

| : | 8 | 4 |
|---|---|---|
| 24 | 3 | 6 |
| 40 | 5 | 10 |
| 32 | 4 | 8 |

**6** 57 + 39 = 96
56 + 40 = 96 — 1

**7** 25 + 48 = 73
23 + 50 = 73 — 1

**8** 39 + 43 = 82
40 + 42 = 82 — 1

**9** 72 − 59 = 13
73 − 60 = 13 — 1

**10** 94 − 79 = 15
95 − 80 = 15 — 1

**11** 66 − 48 = 18
68 − 50 = 18 — 1

**12** +5 −2 +5 −2 +5 −2 +5 −2 +5 −2 +5 — 5

| | | | | | | | | | | | |
|---|---|---|---|---|---|---|---|---|---|---|---|
| 11 | 16 | 14 | 19 | 17 | 22 | 20 | 25 | 23 | 28 | 26 | 31 |

**13** +1 +2 +3 +4 +5 +6 +7 +8 +9 +10 +11 — 6

| | | | | | | | | | | | |
|---|---|---|---|---|---|---|---|---|---|---|---|
| 1 | 2 | 4 | 7 | 11 | 16 | 22 | 29 | 37 | 46 | 56 | 67 |

**14** 63 + 5 = 88 − 20
63 + 0 = 83 − 20

**15** 73 − 13 = 48 + 12
64 − 13 = 48 + 3 — 4

**14** und **15** Selbst passende Zahlen finden. Es sind verschiedene Lösungen möglich.

Du hast ___ von 51 Aufgaben richtig gelöst.
Urkunde zum Ausdrucken → www.mbverlag.de/urkunde2

2
1
3
Cino 1,-
Wasser 0,50

# Urkunden zur Belohnung

Für jeden Rechen- und Knobelmeister finden Sie eine Urkunde zum Ausdrucken unter:

**www.mbverlag.de/urkunde2**

Das Übungsheft Mathematik 2 · 2507-55 · © 2022 Mildenberger Verlag GmbH, 77610 Offenburg
Illustrationen: tiff.any GmbH, Mario Kuchinke-Hofer, Berlin

**1**

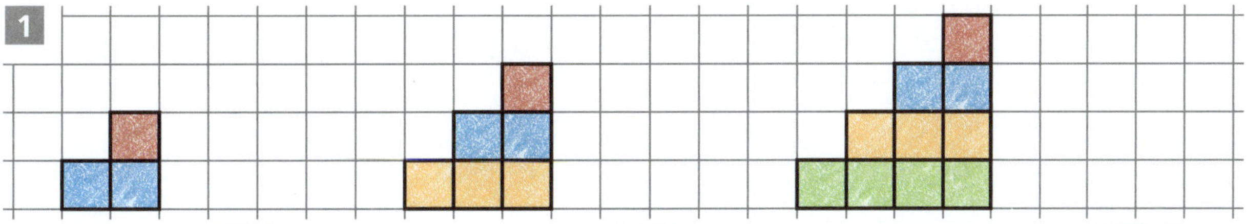

2 + 1 = ___ 3 + 2 + 1 = ___ 4 + 3 + 2 + 1 = ___

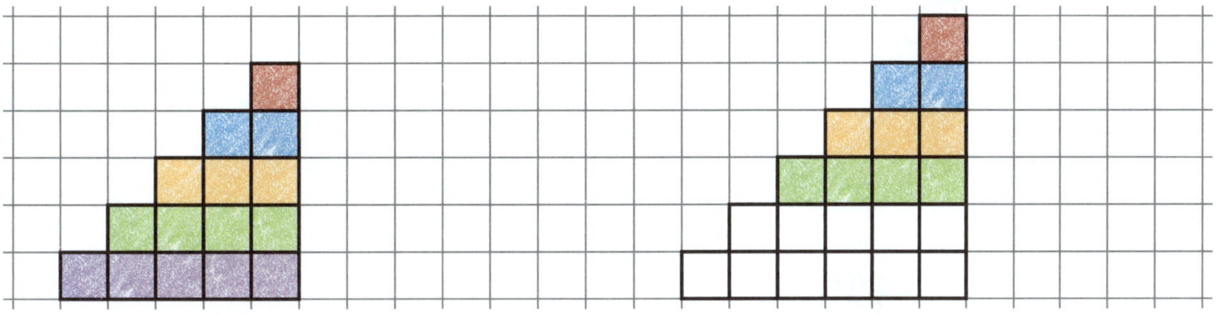

5+ ____________________ ____________________

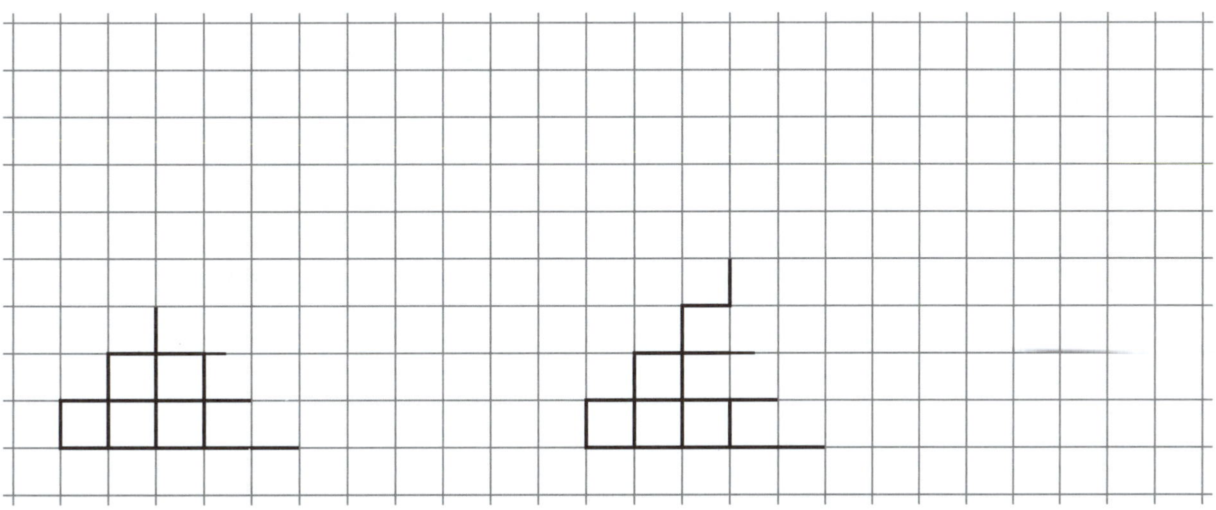

____________________ ____________________

____________________ ____________________

## Treppenzahlen

| | | | | | | | | | | | | |
|---|---|---|---|---|---|---|---|---|---|---|---|---|
| | +3 | +4 | +5 | + | + | + | + | + | + | + | + | + |
| 3 | 6 | 10 | | | | | | | | | | 105 |

**1**

| Zahl | 20 | 12 | | 37 | | | 48 | 49 |
|---|---|---|---|---|---|---|---|---|
| das Doppelte | 40 | | 30 | | 78 | 82 | | |

**2**

| Zahl | 24 | 36 | | | 28 | 54 | | 96 |
|---|---|---|---|---|---|---|---|---|
| die Hälfte | 12 | | 25 | 46 | | | 29 | |

**3**

| | | |
|---|---|---|
| 56 | 20 | 8 |
| 36 | 12 | |
| 24 | | |

**4**

| | | |
|---|---|---|
| 100 | 70 | 63 |
| 30 | | |
| | | |

**5**

| | | |
|---|---|---|
| 43 | 25 | 13 |
| | 12 | |
| | | |

**6**

| | | |
|---|---|---|
| 95 | | 55 |
| 20 | | |
| 0 | | |

**7**

| | | |
|---|---|---|
| 74 | 30 | 18 |
| | | |
| | | |

**8**

| | | | | | |
|---|---|---|---|---|---|
| 10 | 20 | 30 | 40 | 50 | 60 |

Der Stab ist 60 cm lang.

Der Draht kann ~~50 cm~~ | 60 cm | 63 cm | 90 cm lang sein.

Rechne wie Hanna ➕ (→ ausklappbare Umschlagseite)

**1** 39 + 47 = ___
↓+1 ↓−1
40 + 46 =

39 + 54 = ___

39 + 27 = ___

39 + 66 = ___

**2** 59 + 16 = ___

29 + 63 = ___

49 + 34 = ___

69 + 28 = ___

**3** 19 + 73 = ___

49 + 44 = ___

29 + 71 = ___

59 + 38 = ___

**4**

| + | 25 | | |
|---|---|---|---|
| | | 75 | 83 |
| | 50 | | |
| 60 | | | 77 |
| | | 80 | |

**5**

| + | | 41 | |
|---|---|---|---|
| | 59 | | |
| | | 50 | 20 |
| 17 | 17 | | |
| | | 82 | |

**6**

| + | 19 | 39 |
|---|---|---|
| | 49 | |
| | 30 | |
| 41 | | |
| | 55 | |

**7** +7 +

| 50 | 57 | 59 | 66 | 68 | 75 | | | | | | 102 |
|---|---|---|---|---|---|---|---|---|---|---|---|

**8**

| 10 | 11 | 13 | 16 | 20 | 25 | | | | | | 76 |
|---|---|---|---|---|---|---|---|---|---|---|---|

**9**

| 5 | 3 | 6 | 4 | 8 | 6 | 12 | 10 | | | | 34 |
|---|---|---|---|---|---|---|---|---|---|---|---|

**1**

| | | | | | | | | | | | | |
|---|---|---|---|---|---|---|---|---|---|---|---|---|
| 0 | 4 | 8 | | | | | | | | | 44 | 48 |

**2**

1 · 4 = 4   4 · 1 = 4
2 · 4 = ___   4 · 2 = ___
3 · 4 = ___   4 · 3 = ___
4 · 4 = ___   4 · ___
5 · 4 = ___   ___
6 · 4 = ___   ___
7 · 4 = ___   ___
8 · 4 = ___   ___
9 · 4 = ___   ___
10 · 4 = ___   ___

**3**

20 = ___ · 4
40 = ___ · 4
36 = ___ · 4
32 = ___ · 4
8 = ___ · 4
16 = ___ · 4
4 = ___ · 4
12 = ___ · 4
24 = ___ · 4
28 = ___ · 4

**4**

___ · 4 = 12
4 · ___ = 12
___ · 4 = 20
4 · ___ = 20
___ · 4 = 36
4 · ___ = 36
___ · 4 = 28
4 · ___ = 28
___ · 4 = 32
4 · ___ = 32

**5**

| | | |
|---|---|---|
| 17 | 3 | 20 |
| 15 | 25 | 40 |
| | | |

| | | |
|---|---|---|
| 17 | 3 | 20 |
| 15 | 25 | 40 |
| 32 | 28 | |

| | | |
|---|---|---|
| 17 | 3 | 20 |
| 15 | 25 | 40 |
| 32 | 28 | 60 |

**6**

| | | |
|---|---|---|
| 24 | 32 | |
| 26 | 18 | |
| | | |

**7**

| | | |
|---|---|---|
| 17 | 23 | |
| 27 | 23 | |
| | | |

**8**

| | | |
|---|---|---|
| 7 | 27 | |
| 29 | 25 | |
| | | |



**5** bis **8** Plus-Vierecke mit Selbstkontrolle (rote Felder)

**1**

| | | | | | | | | | | | | |
|---|---|---|---|---|---|---|---|---|---|---|---|---|
| 0 | 8 | 16 | | | | | | | | | 88 | 96 |

**2**

$1 \cdot 8 =$ 8
$2 \cdot 8 =$
$3 \cdot 8 =$
$4 \cdot 8 =$
$5 \cdot 8 =$
$6 \cdot 8 =$
$7 \cdot 8 =$
$8 \cdot 8 =$
$9 \cdot 8 =$
$10 \cdot 8 =$

**3**

$1 \cdot 4 =$ 4 $\quad 4 + 4 = 8$
$2 \cdot 4 =$ 8 $\quad 8 + 8 =$
$3 \cdot 4 =$ $\quad 12 + 12 =$
$4 \cdot 4 =$
$5 \cdot 4 =$
$6 \cdot 4 =$
$7 \cdot 4 =$
$8 \cdot 4 =$
$9 \cdot 4 =$
$10 \cdot 4 =$

**4**

$3 \cdot 8 =$
$8 \cdot 3 =$
$7 \cdot 8 =$
$8 \cdot 7 =$
$5 \cdot 8 =$
$8 \cdot 5 =$
$0 \cdot 8 =$
$8 \cdot 0 =$
$9 \cdot 8 =$
$8 \cdot 9 =$

**5**

$5 \cdot 2 =$
$5 \cdot 4 =$
$5 \cdot 8 =$

**6**

$7 \cdot 2 =$
$7 \cdot 4 =$
$7 \cdot 8 =$

**7**

$9 \cdot 2 =$
$9 \cdot 4 =$
$9 \cdot 8 =$

**8**

4 | 12 | 8

**9**

16 | 8 | 8

**10**

8 | 24 | 16

**11**

16 | 8 | 40

**12**

32 | 16 | 16

**3** 4er-Reihe rechnen und das Ergebnis verdoppeln ergibt die 8er-Reihe

**1**

| · | 3 | 6 | 9 | 0 | 1 | 5 | 10 | 2 | 4 | 8 | 7 |
|---|---|---|---|---|---|---|---|---|---|---|---|
| 2 | | | | | | | | | | | |
| 4 | | | | | | | | | | | |
| 8 | | | | | | | | | | | |

**2**

$3 \cdot 4 =$

$3 \cdot 8 =$

$6 \cdot 2 =$

$6 \cdot 4 =$

**3**

$2 \cdot 9 =$

$4 \cdot 9 =$

$4 \cdot 5 =$

$8 \cdot 5 =$

**4**

$4 \cdot 2 =$

$4 \cdot 4 =$

$7 \cdot 4 =$

$7 \cdot 8 =$

**5**

$4 \cdot 4 =$

$8 \cdot 4 =$

$2 \cdot 7 =$

$4 \cdot 7 =$

**6**

46 + 25 =

− 25 = 46

16 + 48 =

− 48 = 16

33 + 46 =

− 46 = 33

**7**

59 − 41 =

59 − = 41

72 − 24 =

72 − = 24

85 − 28 =

85 − = 28

**8**

80 − 37 =

+ 37 = 80

99 − 77 =

+ 77 = 99

58 − 19 =

+ 19 = 58

**9**

**6** und **8** Umkehraufgaben
**7** Tauschaufgaben

**1**

: 10 / · 10

| | | | | | | | | | |
|---|---|---|---|---|---|---|---|---|---|
| 10 | 20 | 30 | 40 | 50 | | | | | 100 |
| 1 | | | | | 6 | 7 | 8 | 9 | |

**2**

80 = 8 · 10 80 : 10 = 8
40 = ___ · 10 40 : 10 =
20 = ___ · 10 20 : 10 =
50 = ___ · 10 50 :
100 = ___ · 10 ______
90 = ___ · 10 ______
30 = ___ · 10 ______
60 = ___ · 10 ______
70 = ___ · 10 ______
10 = ___ · 10 ______
0 = ___ · 10 ______

**3**

70 : 10 = ___
60 : 10 = ___
20 : 10 = ___
50 : 10 = ___
30 : 10 = ___
40 : 10 = ___
100 : 10 = ___
80 : 10 = ___
90 : 10 = ___
0 : 10 = ___
10 : 10 = ___

**4**

10 · 6 = ___
9 · 6 = ___
10 · 5 = ___
9 · 5 = ___
10 · 3 = ___
9 · 3 = ___
10 · 7 = ___
9 · 7 = ___
10 · 8 = ___
9 · 8 = ___
10 · 0 = ___

**5**

| | | |
|---|---|---|
| 57 | 7 | 64 |
| 6 | 29 | |
| | | 99 |

**6**

| | | |
|---|---|---|
| 4 | 38 | |
| 27 | 9 | 36 |
| | | 78 |

**7**

| | | |
|---|---|---|
| 65 | 8 | |
| | | |
| 73 | | 95 |

**8**

| | | |
|---|---|---|
| 16 | 17 | |
| | 18 | 36 |
| | | 69 |

**9**

| | | |
|---|---|---|
| 13 | | |
| | 24 | |
| 19 | 33 | 52 |

**10**

| | | |
|---|---|---|
| 45 | | 51 |
| | 28 | |
| | | 86 |

**1**

| | | | | | | | | | | |
|---|---|---|---|---|---|---|---|---|---|---|
| :5 | 5 | 10 | 15 | 20 | 25 | | | | | 50 | ·5 |
| | 1 | | | | | 6 | 7 | 8 | 9 | | |

**2**

40 = ☐ · 5 40 : 5 =

5 = ☐ · 5 5 : 5 =

20 = ☐ · 5 20 : 5 =

10 = ☐ · 5 ____

25 = ☐ · 5 ____

0 = ☐ · 5 ____

50 = ☐ · 5 ____

45 = ☐ · 5 ____

15 = ☐ · 5 ____

30 = ☐ · 5 ____

35 = ☐ · 5 ____

**3**

35 : 5 = ☐

0 : 5 = ☐

30 : 5 = ☐

10 : 5 = ☐

25 : 5 = ☐

15 : 5 = ☐

20 : 5 = ☐

50 : 5 = ☐

40 : 5 = ☐

45 : 5 = ☐

5 : 5 = ☐

**4**

6 · 5 = ☐

5 · 6 = ☐

8 · 5 = ☐

5 · 8 = ☐

7 · 5 = ☐

5 · 7 = ☐

9 · 5 = ☐

5 · 9 = ☐

0 · 5 = ☐

5 · 0 = ☐

5 · 5 = ☐

**5** 26 + 67 = 93

4/60/3

**6** 37 + ☐ = 73

3/

**7** 28 + ☐ = 65

**8** 17 + ☐ = 100

**9** 49 + ☐ = 85

**10** 48 + ☐ = 73

**11** 43 + ☐ = 100



**5** Beispiel für Kurzschreibweise; auch andere Rechenwege möglich

**1**

| | | | | | | | | | |
|---|---|---|---|---|---|---|---|---|---|
| 4 | 8 | 12 | 16 | 20 | | | | | 40 |
| 1 | | | | | 6 | 7 | 8 | 9 | |

: 4 (from the top row to the bottom row) · 4 (from the bottom row to the top row)

**2**

32 = ☐ · 4   *32 : 4 = 8*

16 = ☐ · 4   *16 : 4 = 4*

8 = ☐ · 4   *8 :   = 2*

20 = ☐ · 4 ______

40 = ☐ · 4 ______

4 = ☐ · 4 ______

12 = ☐ · 4 ______

24 = ☐ · 4 ______

28 = ☐ · 4 ______

36 = ☐ · 4 ______

0 = ☐ · 4 ______

**3**

20 : 4 = ☐

24 : 4 = ☐

0 : 4 = ☐

28 : 4 = ☐

12 : 4 = ☐

4 : 4 = ☐

40 : 4 = ☐

32 : 4 = ☐

36 : 4 = ☐

8 : 4 = ☐

16 : 4 = ☐

**4**

7 · 4 = ☐

4 · 7 = ☐

8 · 4 = ☐

4 · 8 = ☐

6 · 4 = ☐

4 · 6 = ☐

3 · 4 = ☐

4 · 3 = ☐

5 · 4 = ☐

4 · 5 = ☐

0 · 4 = ☐

**5** 12 + ☐ = 20
20 − ☐ = 12

**6** 11 + ☐ = 17
17 − ☐ = 11

**7** 35 + ☐ = 42
42 − ☐ = 35

**8** 26 + ☐ = 42
42 − ☐ = 26

**9** 48 + ☐ = 66
66 − ☐ = 48

**10** 57 + ☐ = 79
79 − ☐ = 57

**11** 64 + ☐ = 82
82 − ☐ = 64

**12** 59 + ☐ = 95
95 − ☐ = 59

**13** 34 + ☐ = 63
63 − ☐ = 34

**5** bis **13** Umkehraufgaben

| A | C | E | F | H | I | K | L | N | O | R | S | W | . |
|---|---|---|---|---|---|---|---|---|---|---|---|---|---|
| 12 | 16 | 25 | 35 | 38 | 45 | 53 | 59 | 64 | 69 | 74 | 86 | 91 | 99 |

| | | |
|---|---|---|
| 2 + 14 = | 8 · 2 = | 60 − 1 = |
| 63 − 4 = | 29 + 9 = | 5 · 5 = |
| 74 − 5 = | 30 − 5 = | 56 + 8 = |
| 84 + 7 = | 62 − 9 = | 80 − 6 = |
| 4 + 60 = | 65 + 4 = | 26 + 19 = |
| 7 · 5 = | 55 + 19 = | 28 + 7 = |
| 63 − 18 = | 2 · 6 = | 40 − 5 = |
| 92 − 6 = | 0 + 59 = | 93 + 6 = |

Der Lebensraum der

☐☐☐☐☐☐☐☐☐☐☐ ist das

☐☐☐☐☐☐☐☐☐☐☐☐ ☐

**1**

| : | 2 |
|---|---|
| 20 | 10 |
| 10 | |
| 4 | |
| 8 | |
| 16 | |
| 6 | |
| 12 | |
| 18 | |
| 14 | |
| 2 | |
| 0 | |

**2**

| : | 4 | |
|---|---|---|
| 8 | | 2 · 4 = |
| 16 | | |
| 32 | | |
| 40 | | |
| 20 | | |
| 12 | | |
| 0 | | |
| | | 9 · 4 = |
| | | 7 · 4 = |
| 4 | | |
| 24 | | |

**3**

| : | 8 | |
|---|---|---|
| 24 | | 3 · 8 = |
| | 8 | 8 · 8 = |
| 48 | | |
| | 2 | |
| 80 | | |
| | 4 | |
| 8 | | |
| | 7 | |
| 40 | | |
| | 0 | |
| 72 | | |

**4**

67 + 30 = ___
67 + 29 = ___

35 + 50 = ___
35 + 49 = ___

53 + 40 = ___
53 + 39 = ___

**5**

40 + 26 = ___
39 + 26 = ___

20 + 68 = ___
19 + 68 = ___

50 + 34 = ___
49 + 34 = ___

**6**

37 + 50 = ___
37 + 49 = ___

_______________
25 + 69 = ___

_______________
58 + 29 = ___

**7**

| | | |
|---|---|---|
| 38 | | 56 |
| 2 | | |
| 40 | | 100 |

**8**

| | | |
|---|---|---|
| 59 | | |
| | 32 | |
| 60 | | 100 |

**9**

| | | |
|---|---|---|
| | | |
| | | |
| | | |

**4** bis **6** Rechentrick für ⊕: Nachbaraufgaben
Erfinde selbst eine Aufgabe.

**1**

| · | 5 | 10 |  | 4 | 8 | 3 | 6 | 9 |  |  | 7 |
|---|---|---|---|---|---|---|---|---|---|---|---|
| 5 |  |  | 10 |  |  |  |  |  | 0 |  |  |
| 10 |  |  |  |  |  |  |  |  |  | 10 |  |
| 2 |  |  |  |  |  |  |  |  | 0 |  |  |
|  |  | 40 |  |  |  |  |  |  |  | 4 |  |

**2**

15 : 5 =

30 : 5 =

45 : 5 =

**3**

24 : 4 =

36 : 4 =

16 : 4 =

**4**

70 : 10 =

50 : 10 =

0 : 10 =

**5**

16 : 2 =

12 : 2 =

18 : 2 =

**6**

6 5 30

6 · 5 =

5 · 6 =

30 : 5 =

30 : 6 =

**7**

7 4 28

7 · 4 =

4 · 7 =

28 : =

28 : =

**8**

5 9

5 · =

9 · =

: =

: =

**9**

14 2

14 : =

: =

· 2 =

· =

**10**

36 4

: =

: =

· =

· =

**11**

Erfinde selbst eine Aufgabe.

# Der 4. Rechenmeister

**1**

20 : 4 = ☐   · 4 = 20

16 : 4 = ☐   ______

18 : 2 = ☐   ______

10 : 2 = ☐   ______

**2**

25 : 5 = ☐   · 5 = 25

40 : 5 = ☐   ______

70 : 10 = ☐   ______

100 : 10 = ☐   ______

**3**

2 · 6 = ☐

2 · 8 = ☐

2 · 3 = ☐

2 · 7 = ☐

**4**

5 · 7 = ☐

5 · 6 = ☐

5 · 9 = ☐

5 · 3 = ☐

**5**

4 · 8 = ☐

4 · 6 = ☐

4 · 9 = ☐

4 · 7 = ☐

**6**

☐ · 5 = 10

☐ · 10 = 90

☐ · 4 = 12

☐ · 2 = 0

**7**

| + | 9 | 20 | 15 | | 36 |
|---|---|---|---|---|---|
| 30 | | | | 60 | |
| 57 | | | | | |

**8** △

| − | 9 | | 15 | 40 | 43 |
|---|---|---|---|---|---|
| 40 | | 20 | | | |
| 83 | | | | | |

**9** 30 + ☐ = 97

______

**10** 25 + ☐ = 82

______

**11** 24 + ☐ = 73

______

**12**

| | | | | |
|---|---|---|---|---|
| 81 | | | | |
| 40 | | | | |
| | 21 | 20 | | |
| 9 | | 11 | | |
| 4 | | 5 | | 3 |

**13**

| | | | | |
|---|---|---|---|---|
| 68 | | | | |
| | 33 | | | |
| 20 | 15 | | | |
| 13 | | 8 | | |
| | 6 | | 7 | 3 |

Du hast ☐ von 67 Aufgaben richtig gelöst.

Urkunde zum Ausdrucken → www.mbverlag.de/urkunde2

**1**

29 €

94 €

€

Das Flugzeug ist billiger als der Teddy.
Das Buch kostet weniger als das Flugzeug.
So viel kann das Flugzeug kosten:

~~8 €~~ | 15 € | 28 € | 29 € | 78 € | 97 € | 100 €

## Rechne wie Hanna ⊖ (→ ausklappbare Umschlagseite)

**2**

53 − 19 =
↓+1 ↓+1
54 − 20 =

53 − 29 =

53 − 39 =

53 − 49 =

67 − 29 =

**3**

42 − 29 =

52 − 19 =

75 − 49 =

54 − 39 =

88 − 59 =

**4**

82 − 69 =

64 − 39 =

96 − 79 =

71 − 59 =

57 − 19 =



**1** Möglichen Preis feststellen
**2** bis **4** bereiten auf die Knobelseiten 82 und 83 vor.

**1**

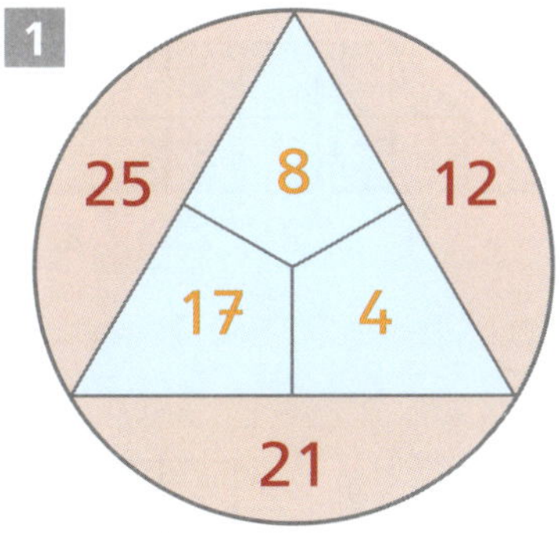


58 29

**2**

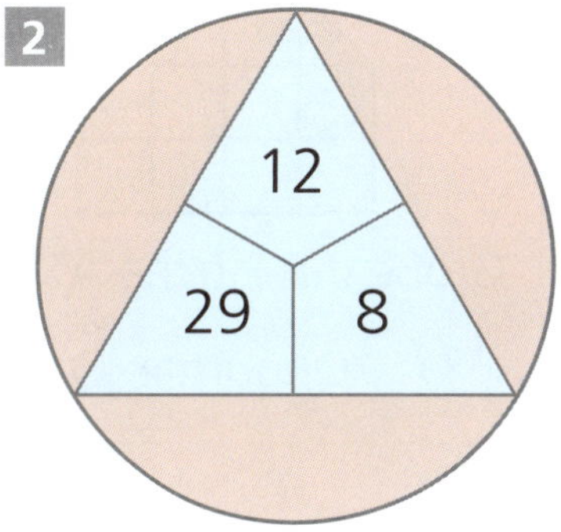


___ ___

**3**

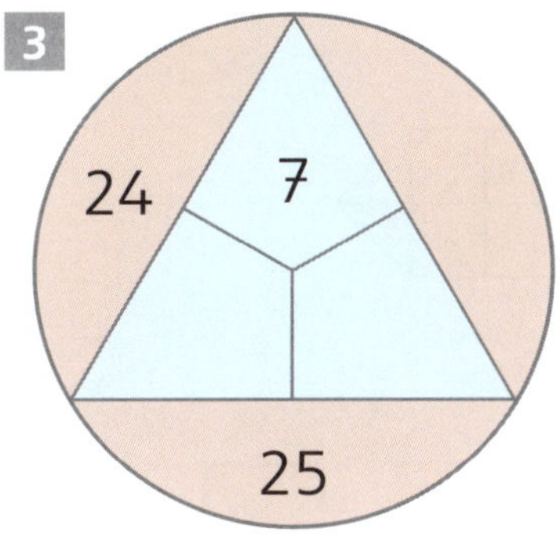


64 ___

**4**

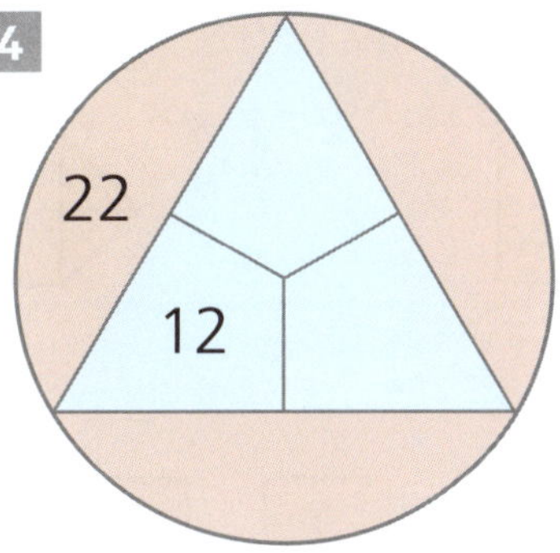


___ 30

**5**

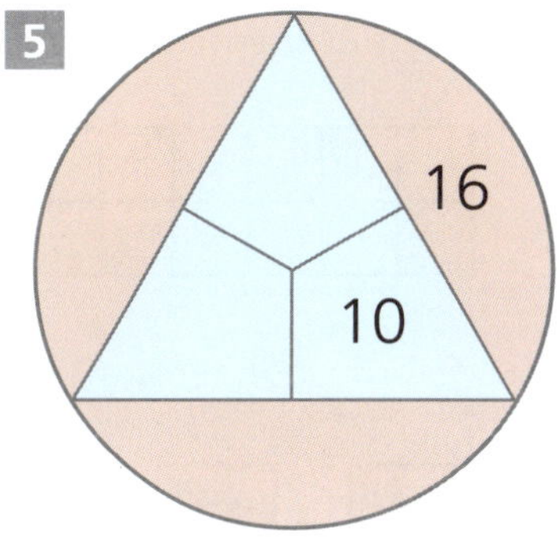


___ 30

**6**

−5 +3

| | | | | | | | | | | | |
|---|---|---|---|---|---|---|---|---|---|---|---|
| 100 | 3 | 95 | 6 | 90 | 9 | | | | | | 18 |

**7**

| | | | | | | | | | | | |
|---|---|---|---|---|---|---|---|---|---|---|---|
| 6 | 100 | 12 | 90 | 18 | 80 | | | | | | 50 |

**8**

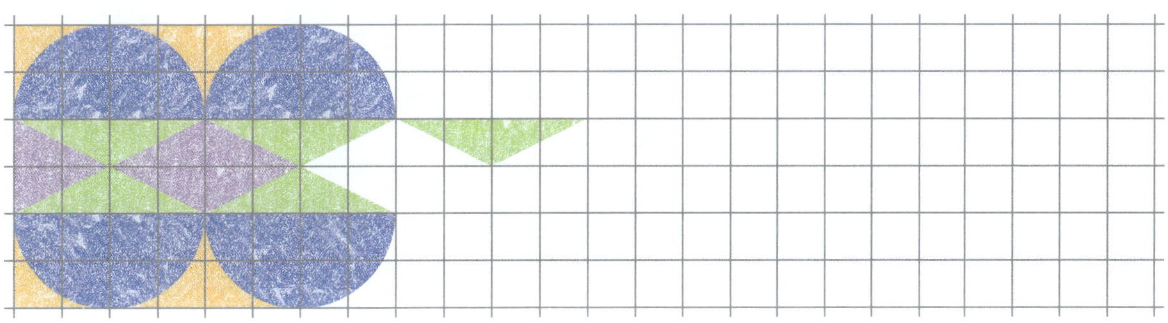

**1** bis **5** Rechendreiecke im Kreis
**6** und **7** bereiten auf die Knobelseiten 82 und 83 vor.

**1**

A

Größe der Fläche A: 11 Quadrate (Q)

B

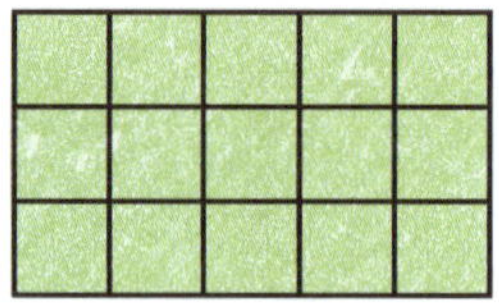

___ Q

C

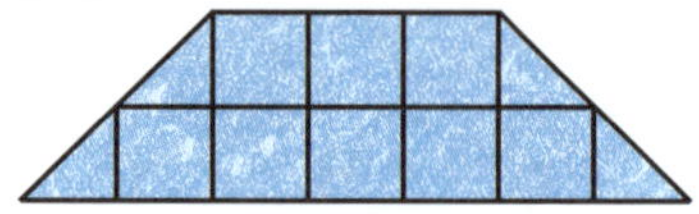

___ Q

D

___ Q

E

___ Q

F

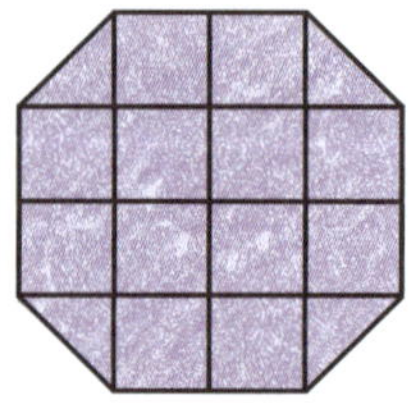

___ Q

G

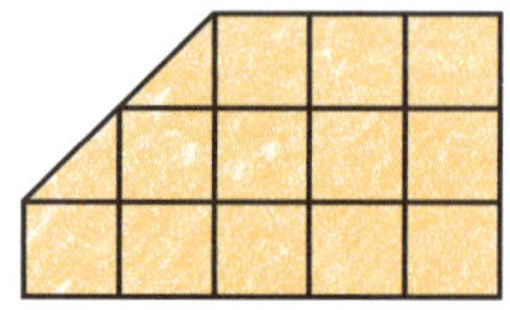

___ Q

H

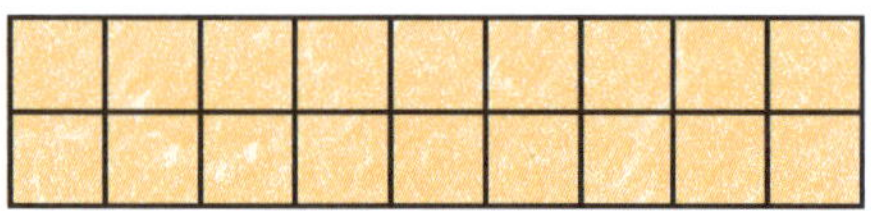

___ Q

I

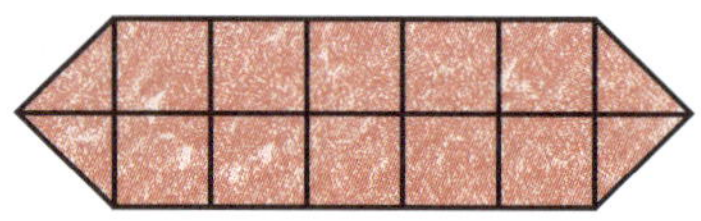

___ Q

E < D < ___ < ___ < ___ < ___ < ___ < ___ < ___

**2**

Der Stab besteht aus drei Teilen. Teil A ist 40 cm lang.

Teil B **kann** ~~10 cm~~ | 30 cm | 40 cm | 50 cm lang sein.

Teil C **kann** 10 cm | 30 cm | 40 cm | 50 cm lang sein.

## Setze passende Zahlen ein!

**3**

34 + ___ = ___ − 15

34 + ___ = ___ − 15

34 + ___ = ___ − 15

**4**

26 + ___ = ___ − 26

26 + ___ = ___ − 26

26 + ___ = ___ − 26



**2** Mögliche Längen bestimmen **3** und **4** Selbst passende Zahlen finden. Es sind verschiedene Lösungen möglich. **3** und **4** bereiten auf die Knobelseiten 82 und 83 vor.

**1**

| | | | | | | | | | | | |
|---|---|---|---|---|---|---|---|---|---|---|---|
| 2 | 4 | | | | | | | | | | 24 |
| + 1 | 2 | | | | | | | | | | 12 |
| = 3 | | | | | | | | | | | 36 |

**2**

| · | 3 |
|---|---|
| 0 | |
| 1 | |
| 2 | |
| 3 | |
| 4 | |
| 5 | |
| 6 | |
| 7 | |
| 8 | |
| 9 | |
| 10 | |

$3 \cdot 0 =$ ______

$3 \cdot 1 =$ ______

$3 \cdot 2 =$ ______

______

______

______

______

______

______

______

______

**3**

| · | 2 | 1 | 3 |
|---|---|---|---|
| 5 | | | |
| 2 | | | |
| 10 | | | |
| 3 | | | |
| 1 | | | |
| 4 | | | |
| 6 | | | |
| 8 | | | |
| 7 | | | |
| 0 | | | |
| 9 | | | |

**4**

75 − 30 = ☐
75 − 29 = ☐

83 − 40 = ☐
83 − 39 = ☐

94 − 70 = ☐
94 − ☐ = ☐

**5**

57 − 47 = ☐
56 − 47 = ☐

63 − 33 = ☐
62 − 33 = ☐

74 − 14 = ☐
☐ − 14 = ☐

**6**

56 − 20 = ☐
56 − 19 = ☐

47 − 40 = ☐
47 − 39 = ☐

85 − 80 = ☐
______

**1**

:3 (von unten nach oben: · 3)

| | | | | | | | | | |
|---|---|---|---|---|---|---|---|---|---|
| 3 | 6 | 9 | 12 | 15 | | | | | 30 |
| 1 | | | | | 6 | 7 | 8 | 9 | |

**2**

24 = ___ · 3  *24 : 3 =* ______

12 = ___ · 3  *12 : 3 =* ______

6 = ___ · 3  *6 : 3 =* ______

15 = ___ · 3 ______

30 = ___ · 3 ______

27 = ___ · 3 ______

9 = ___ · 3 ______

18 = ___ · 3 ______

21 = ___ · 3 ______

3 = ___ · 3 ______

**3**

2 · 3 = ___  *3 · 2 =* ______

4 · 3 = ___  *3 · 4 =* ______

8 · 3 = ___  *3 · 8 =* ______

1 · 3 = ___ ______

3 · 3 = ___ ______

6 · 3 = ___ ______

10 · 3 = ___ ______

9 · 3 = ___ ______

5 · 3 = ___ ______

7 · 3 = ___ ______

**4**

| | | |
|---|---|---|
| 90 | 60 | *30* |
| 35 | 20 | *15* |
| | | |

| | | |
|---|---|---|
| 90 | 60 | *30* |
| 35 | 20 | *15* |
| *55* | *40* | |

| | | |
|---|---|---|
| 90 | 60 | *30* |
| 35 | 20 | *15* |
| *55* | *40* | *15* |

**5**

| | | |
|---|---|---|
| 86 | 40 | |
| 26 | 22 | |
| | | |

**6**

| | | |
|---|---|---|
| 33 | 12 | |
| 15 | 7 | |
| | | |

**7**

| | | |
|---|---|---|
| 56 | 15 | |
| 22 | 13 | |
| | | |



**4** bis **7** Minus-Vierecke mit Selbstkontrolle (rote Felder)

**1**

| | | | | | | | | | | | | |
|---|---|---|---|---|---|---|---|---|---|---|---|---|
| 0 | 6 | 12 | | | | | | | | | 66 | 72 |

**2**

$1 \cdot 6 =$ 6
$2 \cdot 6 =$
$3 \cdot 6 =$
$4 \cdot 6 =$
$5 \cdot 6 =$
$6 \cdot 6 =$
$7 \cdot 6 =$
$8 \cdot 6 =$
$9 \cdot 6 =$
$10 \cdot 6 =$

**3**

$1 \cdot 3 =$ 3 $3 + 3 = 6$
$2 \cdot 3 =$ 6 $6 + 6 = 12$
$3 \cdot 3 =$ $9 +$
$4 \cdot 3 =$
$5 \cdot 3 =$
$6 \cdot 3 =$
$7 \cdot 3 =$
$8 \cdot 3 =$
$9 \cdot 3 =$
$10 \cdot 3 =$

**4**

$4 \cdot 6 =$
$6 \cdot 4 =$
$9 \cdot 6 =$
$6 \cdot 9 =$
$0 \cdot 6 =$
$6 \cdot 0 =$
$5 \cdot 6 =$
$6 \cdot 5 =$
$7 \cdot 6 =$
$6 \cdot 7 =$

**5**

$78 - 55 =$
$+ 55 = 78$

$54 - 27 =$
$+ 27 = 54$

$94 - 31 =$
$+ 31 = 94$

$69 - 59 =$
$+ 59 = 69$

**6**

$24 + 24 =$
$- 24 = 24$

$36 + 36 =$
$- 36 = 36$

$44 + 26 =$
$- 26 = 44$

$18 + 18 =$
$- 18 = 18$

**7**

$82 - 13 =$
$+ 13 = 82$

$28 + 28 =$
$- 28 = 28$

$66 - 38 =$

$34 + 49 =$

**3** 3er-Reihe rechnen und das Ergebnis verdoppeln ergibt die 6er-Reihe
**5** bis **7** Umkehraufgaben

**1**

| | | | | | | | | | |
|---|---|---|---|---|---|---|---|---|---|
| 6 | 12 | 18 | 24 | 30 | | | | | 60 |
| 1 | | | | | 6 | 7 | 8 | 9 | |

: 6 · 6

**2**

60 : 6 = 10   60 : 10 = 6
54 : 6 = ___   54 : ___ = 6
30 : 6 = ___   30 : ___ = 6
24 : 6 = ___
48 : 6 = ___
42 : 6 = ___
36 : 6 = ___
6 : 6 = ___
12 : 6 = ___
18 : 6 = ___

**3**

36 = 6 · 6   36 : 6 =
12 = ___ · 6   12 : 6 =
54 = ___ · 6   54 : 6 =
18 = ___ · 6
60 = ___ · 6
24 = ___ · 6
0 = ___ · 6
42 = ___ · 6
30 = ___ · 6
48 = ___ · 6

**4**

| − | 8 | | 18 |
|---|---|---|---|
| 24 | | 14 | |
| 54 | | | |
| | 76 | | |

**5**

| + | | 26 |
|---|---|---|
| 15 | 35 | |
| 33 | | |
| | 87 | |

**6** △

| − | 6 | | 36 |
|---|---|---|---|
| 33 | | 3 | |
| 53 | | | |
| 73 | | | |

**7** △

| − | 7 | 20 | 27 |
|---|---|---|---|
| 25 | | | |
| 55 | | | |
| | | 75 | |

**8**

| + | 12 | 18 |
|---|---|---|
| 12 | | |
| 30 | | |
| | | 100 |

**9**

| − | 9 | 40 | 49 |
|---|---|---|---|
| 66 | | | |
| 76 | | | |
| | 77 | | |



△ Mache ein X, wenn eine Aufgabe nicht lösbar ist.

**1**

| | | | | | | | | | | | | |
|---|---|---|---|---|---|---|---|---|---|---|---|---|
| | 10 | 20 | 30 | | | | | | | | 110 | 120 |
| − | 1 | 2 | 3 | | | | | | | | 11 | 12 |
| = | 9 | 18 | | | | | | | | | 99 | 108 |

**2**

1 · 9 = ___ 10 − 1 = 9

2 · 9 = ___ 20 − 2 =

3 · 9 = ___ 30 − 3 =

4 · 9 = ___

5 · 9 = ___

6 · 9 = ___

7 · 9 = ___

8 · 9 = ___

9 · 9 = ___

10 · 9 = ___

**3**

9 · 5 = ___ 5 · 9 =

9 · 10 = ___ 10 · 9 =

9 · 1 = ___

9 · 2 = ___

9 · 4 = ___

9 · 8 = ___

9 · 3 = ___

9 · 6 = ___

9 · 9 = ___

9 · 7 = ___

**4**

| | | |
|---|---|---|
| 12 | 16 | 28 |
| | 52 | |
| | | 94 |

**5**

| | | |
|---|---|---|
| | 23 | |
| 22 | | |
| 45 | | 90 |

**6**

| | | |
|---|---|---|
| 14 | 34 | |
| | 21 | |
| | | 97 |

**7**

| | | |
|---|---|---|
| 100 | 67 | 33 |
| 43 | | |
| | | 13 |

**8**

| | | |
|---|---|---|
| | 45 | 14 |
| 26 | | |
| | | 0 |

**9**

| | | |
|---|---|---|
| | | |
| | | |
| | | |

Erfinde selbst eine Aufgabe.

**1**

| | | | | | | | | | | |
|---|---|---|---|---|---|---|---|---|---|---|
| : 9 | 9 | 18 | 27 | 36 | 45 | | | | | 90 |
| | 1 | | | | | 6 | 7 | 8 | 9 | · 9 |

**2**

45 : 9 = ___ · 9 = 45
90 : 9 = ___ · 9 = 90
27 : 9 = ___
54 : 9 = ___
81 : 9 = ___
18 : 9 = ___
72 : 9 = ___
36 : 9 = ___
63 : 9 = ___

**3**

| | |
|---|---|
| 36 : 9 = 4 | 36 : 4 = 9 |
| 63 : 9 = 7 | 63 : 7 = 9 |
| 72 : 9 = | 72 : = 9 |
| 18 : 9 = | 18 : = |
| 54 : 9 = | 54 : = |
| 27 : 9 = | 27 : = |
| 90 : 9 = | 90 : = |
| 45 : 9 = | 45 : = |
| 81 : 9 = | 81 : = |

## Rechne wie Max ⊖ (→ ausklappbare Umschlagseite)

**4**
62 − 59 =
59 + = 62

51 − 49 =
49 + = 51

**5**
91 − 89 =
89 + = 91

43 − 39 =
39 + = 43

**6**
82 − 79 =
___

71 − 69 =
___

**7** △

| − | 8 | 10 | | 57 | 68 |
|---|---|---|---|---|---|
| | | 50 | | | |
| 68 | | | 8 | | |
| 91 | | | | | |

**8**

| + | | 20 | 50 | 36 | 49 |
|---|---|---|---|---|---|
| 32 | 40 | | | | |
| | | 64 | | | |
| 25 | | | | | |



△ Mache ein ✕, wenn eine Aufgabe nicht lösbar ist.

| A | B | C | D | E | H | I | K | L | M | N | O | P | S | T | U | Y |
|---|---|---|---|---|---|---|---|---|---|---|---|---|---|---|---|---|
| 18 | 21 | 25 | 29 | 36 | 40 | 42 | 48 | 53 | 54 | 58 | 60 | 64 | 75 | 81 | 92 | 100 |

$84 - 20 =$ ___ ☐

$6 \cdot 10 =$ ___ ☐

$26 + 27 =$ ___ ☐

$100 \cdot 1 =$ ___ ☐

$54 : 1 =$ ___ ☐

$28 + 14 =$ ___ ☐

$9 \cdot 9 =$ ___ ☐

$3 \cdot 6 =$ ___ ☐

$1 \cdot 53 =$ ___ ☐

$2 \cdot 9 =$ ___ ☐

$58 : 1 =$ ___ ☐

$37 - 8 =$ ___ ☐

$100 - 25 =$ ___ ☐

$5 \cdot 5 =$ ___ ☐

$8 \cdot 5 =$ ___ ☐

$27 + 31 =$ ___ ☐

$6 \cdot 6 =$ ___ ☐

$37 - 12 =$ ___ ☐

$96 - 48 =$ ___ ☐

$24 + 12 =$ ___ ☐

$8 \cdot 6 =$ ___ ☐

$68 + 24 =$ ___ ☐

$7 \cdot 3 =$ ___ ☐

$36 - 18 =$ ___ ☐

Die ☐☐☐☐☐☐☐☐-Schnecke ist eine

☐☐☐☐☐☐☐☐☐☐☐☐ und lebt in

☐☐☐☐.

**1**

| · | 0 | | 2 | 3 | 4 | 5 | 6 | 7 | 8 | 9 | 10 |
|---|---|---|---|---|---|---|---|---|---|---|---|
| 3 | | 3 | | | | | | | | | |
| 6 | | | | | | | | | | | |
| | | | 4 | | | | | | | | |
| 4 | | | | | | | | | | | |

**2**

36 : 6 = ___ ___ · 6 = 36

18 : 6 = ___ ___ · 6 = 18

54 : 6 = ___ ___

48 : 6 = ___ ___

30 : 6 = ___ ___

24 : 6 = ___ ___

42 : 6 = ___ ___

12 : 6 = ___ ___

**3**

3 · 6 = ___ 6 · 3 = ___

4 · 6 = ___ 6 · ___ = ___

5 · 6 = ___ ___

6 · 6 = ___ ___

7 · 6 = ___ ___

8 · 6 = ___ ___

9 · 6 = ___ ___

10 · 6 = ___ ___

**4**

| − | 6 | 8 |
|---|---|---|
| 13 | | |
| 23 | | |
| 43 | | |
| 73 | | |
| | | 8 |
| 36 | | |
| | | 58 |
| 96 | | |

**5**

| + | | 8 | 10 |
|---|---|---|---|
| 6 | 11 | | |
| 16 | | | |
| 46 | | | |
| 86 | | | |
| 9 | | | |
| 29 | | | |
| | | | 69 |
| 69 | | | |

**6** △

| − | 7 | 15 |
|---|---|---|
| 12 | | |
| 22 | | |
| 72 | | |
| 92 | | |
| | | 0 |
| 45 | | |
| 75 | | |
| 95 | | |



△ Mache ein ✕, wenn eine Aufgabe nicht lösbar ist.
**4** bis **6** Analogieaufgaben in den Tabellen

**1**

| · | 3 | 6 | 2 | 4 | 8 | 5 | 10 | 9 | | 7 | |
|---|---|---|---|---|---|---|---|---|---|---|---|
| 5 | | | | | | | | | 5 | | 0 |
| 10 | | | | | | | | | | | 0 |
| | 9 | | | | | | | | 3 | | |
| 6 | | | | | | | | | | | |

**2**

5 · 3 =

5 · 6 =

2 · 3 =

2 · 6 =

6 · 3 =

6 · 6 =

**3**

3 · 3 =

3 · 6 =

4 · 3 =

4 · 6 =

1 · 3 =

1 · 6 =

**4**

10 · 3 =

10 · 6 =

9 · 3 =

______________

8 · 3 =

______________

**5**

| | | |
|---|---|---|
| 69 | 30 | 39 |
| 39 | 17 | |
| | | 17 |

**6**

| | | |
|---|---|---|
| 80 | | |
| 48 | | 8 |
| | 16 | 16 |

**7**

| | | |
|---|---|---|
| 72 | 42 | |
| 24 | | |
| | 30 | 18 |

**8**

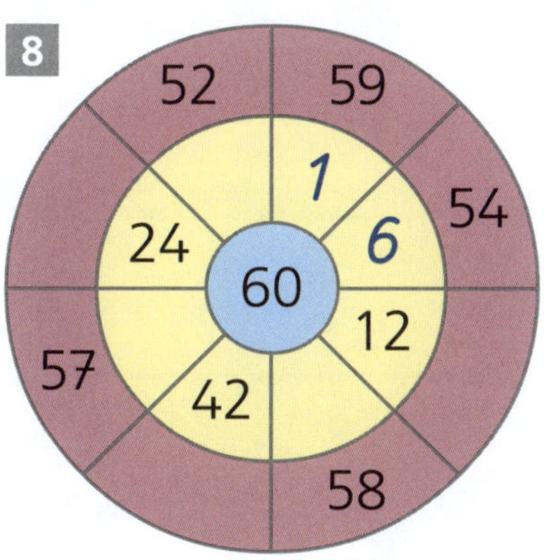


**9**

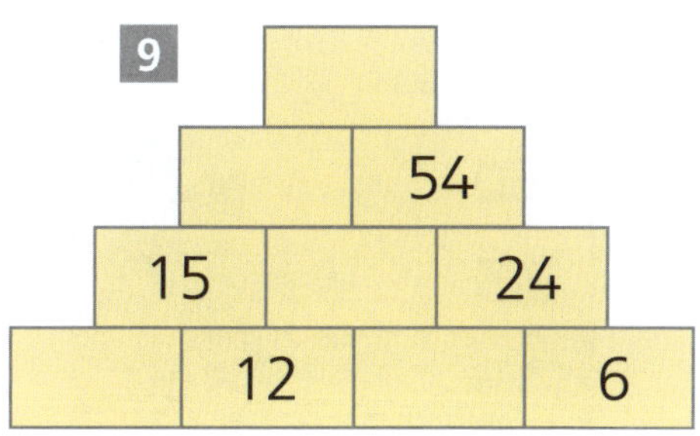


**10**

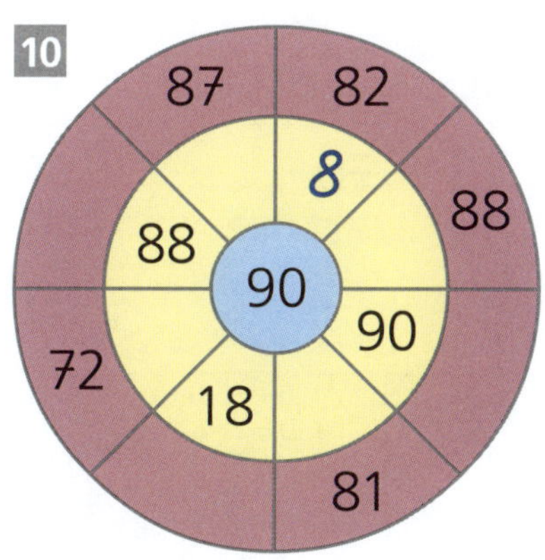

**1**
12 : 3 = · 3 = 12
9 : 3 =
21 : 3 =
15 : 3 =

**2**
18 : 6 = · 6 = 18
30 : 6 =
54 : 6 =
36 : 6 =

**3**
27 : 9 = · 9 = 27
54 : 9 =
72 : 9 =
36 : 9 =

**4**
18 : 3 = · 3 = 18
18 : 9 =
42 : 6 =
45 : 9 =

**5**
5 · 7 =
5 · 9 =
3 · 7 =

**6**
4 · 8 =
4 · 7 =
4 · 9 =

**7**
3 · 9 =
6 · 7 =
6 · 9 =

**8** 27 + 59 =

**9** 83 − 36 =

**10** 46 + 39 =

**11** △

| − | | 8 | 15 | 22 | 90 |
|---|---|---|---|---|---|
| 90 | | | | | |
| 75 | 70 | | | | |

**12**

| + | 0 | | 12 | 31 | 52 |
|---|---|---|---|---|---|
| 20 | | 28 | | | |
| | 48 | | | | |

**13**

| | | |
|---|---|---|
| 25 | 15 | 40 |
| 20 | | |
| | 40 | |

**14**

| | | |
|---|---|---|
| 60 | | 20 |
| 45 | | |
| 15 | | 10 |

**15**

| | | |
|---|---|---|
| 16 | | 37 |
| | 27 | 43 |
| 32 | | |



Du hast von 76 Aufgaben richtig gelöst.
Urkunde zum Ausdrucken → www.mbverlag.de/urkunde2

**1**

| · | 4 | | | |
|---|---|---|---|---|
| 3 | | | | |
| 5 | | 30 | | |
| 9 | | | 45 | |
| 2 | | | | 14 |

**2**

| · | 3 | 6 | 5 | 8 |
|---|---|---|---|---|
| | | 24 | | |
| | | | 40 | |
| | 18 | | | |
| | | | | 56 |

## Rechne wie Hanna ⊖ (→ ausklappbare Umschlagseite)

**3** 74 − 49 = ____

75 − 50 =

63 − 19 = ____

______

**4** 37 − 19 = ____

______

82 − 69 = ____

______

**5** 55 − 38 = ____

______

43 − 28 = ____

______

**6**

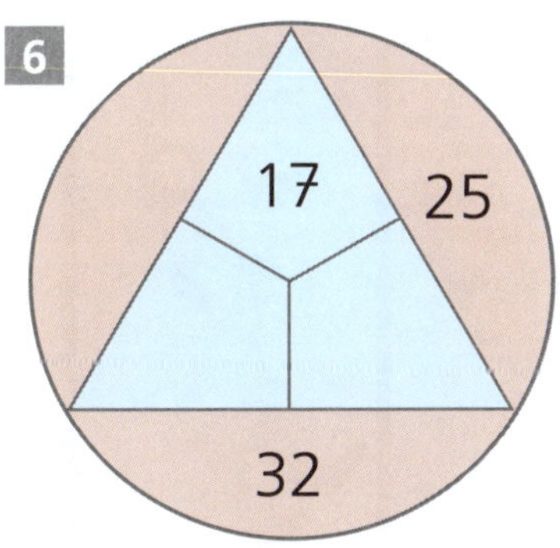


98 49

**7**

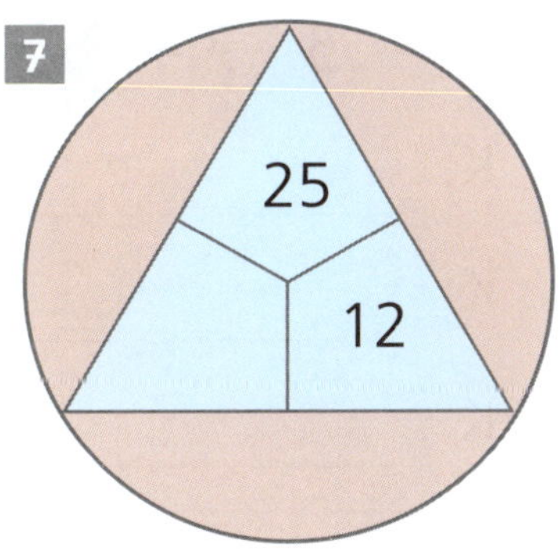


____ 50

**8**

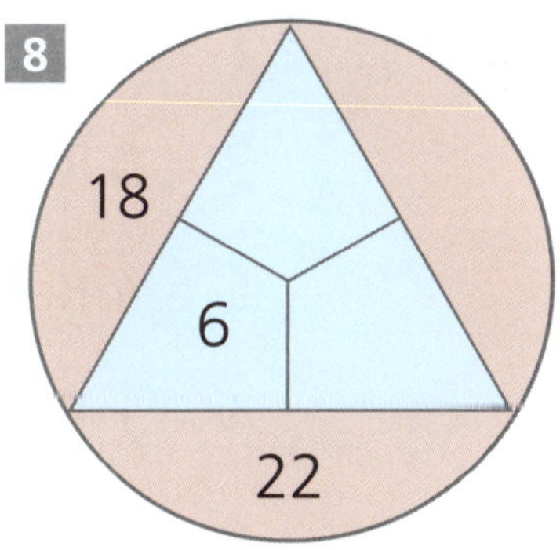


68 ____

**9**

Vera kauft für 68 € Bücher.
Sie bezahlt mit 5 Scheinen und bekommt
2 € zurück. Zeichne die 5 Scheine.

**1**

−15

| | | | | | | | | | | | |
|---|---|---|---|---|---|---|---|---|---|---|---|
| 90 | 90 | 75 | 75 | 60 | | 45 | | | | | 15 |

**2**

| | | | | | | | | | | | |
|---|---|---|---|---|---|---|---|---|---|---|---|
| 100 | 99 | 89 | 88 | 78 | 77 | | | | | | 44 |

**3**

| : | 2 | | |
|---|---|---|---|
| 24 | | | |
| | 3 | 1 | |
| | 9 | | 6 |
| | 6 | | |

**4**

| : | | 8 | |
|---|---|---|---|
| | 4 | | 8 |
| 8 | | | |
| | | 3 | |
| 40 | 10 | | |

**5**

| : | | | |
|---|---|---|---|
| | | | 40 |
| 30 | | 3 | |
| 50 | | | 50 |
| 10 | 2 | | |

**Rechne zu jeder Aufgabe die Kontrolle (K).**

**6** ___ : 7 = 5 Rest 3 K: $5 \cdot 7 + 3 =$ ___

___ : 3 = 9 Rest 1 K: ___

___ : 5 = 4 Rest 3 K: ___

___ : 4 = 7 Rest 2 K: ___

___ : 6 = 8 Rest 5 K: ___

**Setze passende Zahlen ein.**

**7** 50 − ___ = 17 + ___

50 − ___ = 17 + ___

**8** 23 + ___ = 42 − ___

23 + ___ = 42 − ___

**9** ___ − 0 = 48 + ___

___ − 0 = 48 + ___

**10** ___ − 29 = ___ + 11

___ − 29 = ___ + 11



**1** bis **10** bereiten auf die Knobelseiten 82 und 83 vor.
**7** bis **10** Selbst passende Zahlen finden. Es sind verschiedene Lösungen möglich.

**1**

| Zahl | 10 | 17 | | | 47 | | 39 | |
|---|---|---|---|---|---|---|---|---|
| das Doppelte | *20* | | 52 | 48 | | 96 | | 56 |

**2**

| Zahl | 12 | 16 | | | 66 | 74 | | 98 |
|---|---|---|---|---|---|---|---|---|
| die Hälfte | *6* | | 44 | 38 | | | 35 | |

## Rechne wie Max ⊖ (→ ausklappbare Umschlagseite)

**3**

71 − 68 = ___
68 + ___ = 71

61 − 59 = ___
59 + ___ = 61

72 − 67 = ___
67 + ___ = 72

83 − 78 = ___
78 + ___ = 83

**4**

52 − 49 = ___
*49 + ___ = 52*

62 − 59 = ___
______

81 − 79 = ___
______

42 − 39 = ___
______

**5**

91 − 88 = ___
______

63 − 59 = ___
______

82 − 79 = ___
______

43 − 38 = ___
______

**6**

Frau Lehmann kauft für ihre Klasse 4 Diabolos und 6 Indiakas.
Wie viel muss sie insgesamt bezahlen?

Sie muss ___ € bezahlen.

**1**

| : | 2 | |
|---|---|---|
| **10** | 5 | 5 · 2 = 10 |
| 11 | 5 R 1 | 5 · 2 + 1 = |
| **14** | 7 | 7 · 2 = |
| 15 | 7 R 1 | 7 · 2 + 1 = |
| **20** | | |
| 21 | R | |
| **0** | | |
| 1 | R | |
| **16** | | |
| 17 | R | |

**2**

| : | 10 | |
|---|---|---|
| **50** | 5 | 5 · 10 = 50 |
| 57 | 5 R 7 | 5 · 10 + 7 = 57 |
| **30** | 3 | 3 · 10 = |
| 34 | 3 R 4 | 3 · 10 + 4 = |
| **80** | | |
| 81 | R | |
| **40** | | |
| 45 | R | |
| **90** | | |
| 99 | R | |

**3**

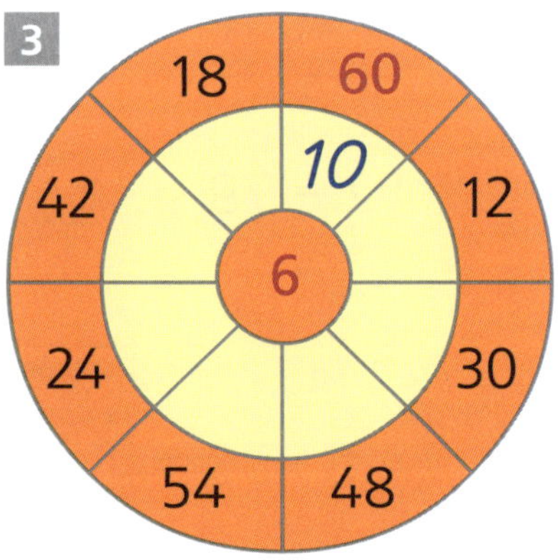

**4**

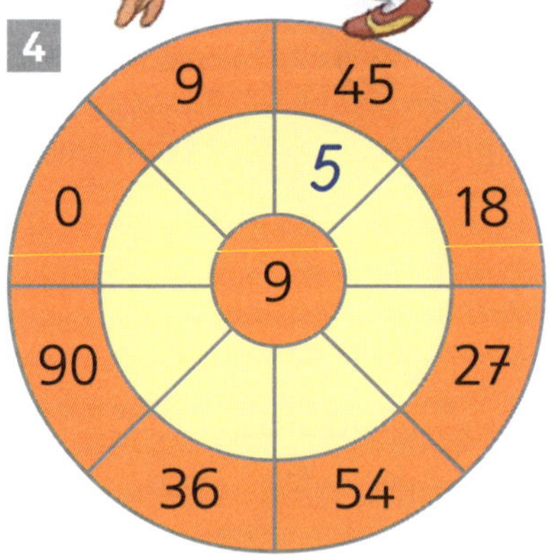


**5**

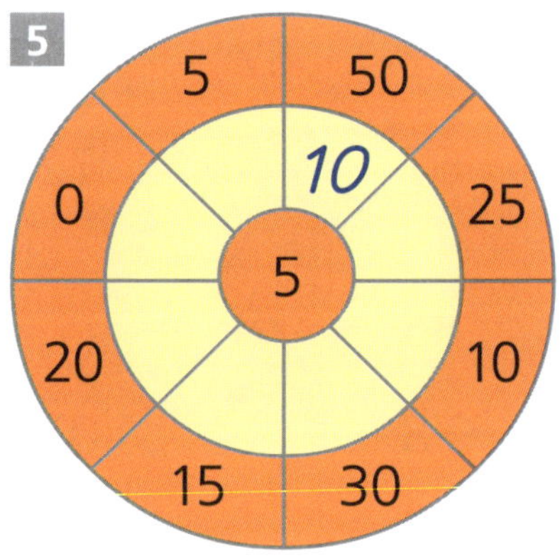

**6**

| | | |
|---|---|---|
| 100 | 67 | |
| 45 | 30 | |
| | 37 | 18 |

**7**

| | | |
|---|---|---|
| | 55 | 40 |
| | 37 | 6 |
| | | 34 |

**8**

| | | |
|---|---|---|
| | | |
| | | |
| | | |



Erfinde selbst eine Aufgabe.

1

| : | 5 | |
|---|---|---|
| **10** | 2 | 2 · 5 = 10 |
| 13 | 2 R 3 | 2 · 5 + 3 = 13 |
| 14 | R | |
| **20** | | |
| 21 | R | |
| 23 | R | |
| **45** | | |
| 47 | R | |
| 49 | R | |
| **50** | | |

2

| : | 4 | |
|---|---|---|
| **8** | 2 | 2 · 4 = 8 |
| 9 | 2 R 1 | 2 · 4 + 1 = 9 |
| **16** | | |
| 19 | R | |
| **40** | | |
| 42 | R | |
| **20** | | |
| 23 | R | |
| **32** | | |
| 35 | R | |

3

7 6 [ ]

7 · 6 =

6 · =

42 : 6 =

: =

4

6 8 [ ]

· =

· =

: =

: =

5

54 6 [ ]

54 : 6 =

: = 6

· 6 =

· =

6

35 [ ] 85

35 + =

\+ =

− =

− =

7

[ ] 20 74

− =

− =

\+ =

\+ =

8

4 5 20

**1**

| | | | | | | | | | | | |
|---|---|---|---|---|---|---|---|---|---|---|---|
| 0 | 3 | 6 | 9 | 12 | | | | | | | 33 |
| 0 | 6 | 12 | 18 | | | | | | | | 66 |

·2

**2**

| : | 3 | |
|---|---|---|
| **9** | 3 | 3 · 3 = 9 |
| 10 | 3 R 1 | 3 · 3 + 1 = 10 |
| **15** | | |
| 17 | R | |
| **24** | | |
| 26 | R | |
| **12** | | |
| 13 | R | |
| **27** | | |
| 28 | R | |
| 29 | R | |

**3**

| : | 6 | |
|---|---|---|
| **30** | 5 | 5 · 6 = 30 |
| 31 | 5 R 1 | 5 · 6 + 1 = 31 |
| 34 | R | |
| **42** | | |
| 44 | R | |
| **18** | | |
| 23 | R | |
| **36** | | |
| 39 | R | |
| **24** | | |
| 25 | R | |

**4**

87 − 60 =

87 − 59 =

53 − 40 =

53 − 39 =

**5**

96 − 80 =

96 − 79 =

65 − 30 =

65 − 29 =

**6**

73 − 19 =

91 − 49 =

**7**

| | | |
|---|---|---|
| | 46 | |
| | | 21 |
| 15 | | 11 |

**8**

| | | |
|---|---|---|
| | 100 | |
| 60 | | |
| 36 | | |

**9**

| | | |
|---|---|---|
| | 50 | |
| | | 20 |
| 14 | | |

**1**

| | | | | | | | | | | | |
|---|---|---|---|---|---|---|---|---|---|---|---|
| 0 | 4 | 8 | 12 | 16 | | | | | | | 44 |
| 0 | 8 | 16 | 24 | | | | | | | | 88 |

·2

**2**

| · | 4 | 8 |
|---|---|---|
| 0 | | |
| 1 | | |
| 2 | | |
| 3 | | |
| 4 | | |
| 5 | | |
| 6 | | |
| 7 | | |
| 8 | | |
| 9 | | |
| 10 | | |

**3**

| : | 8 |
|---|---|
| 80 | 10 |
| | 9 |
| | 8 |
| | 7 |
| | 6 |
| | 5 |
| | 4 |
| | 3 |
| | 2 |
| | 1 |
| | 0 |

**4**

| : | 8 |
|---|---|
| 48 | 6 |
| 16 | |
| 40 | |
| 32 | |
| 80 | |
| 72 | |
| 24 | |
| 64 | |
| 8 | |
| 56 | |
| 0 | |

6 · 8 =

2 · 8 =

**5**

54 + 20 =

54 + 19 =

35 + 40 =

35 + 39 =

**6**

27 + 60 =

27 + 59 =

38 + 50 =

38 + 49 =

**7**

36 + 29 =

23 + 69 =

**8**

| | | |
|---|---|---|
| 36 | | |
| | 28 | |
| 45 | 34 | 79 |

**9**

| | | |
|---|---|---|
| | 66 | 71 |
| 17 | | |
| | | 92 |

**10**

| | | |
|---|---|---|
| | 28 | |
| 37 | | |
| 41 | | 78 |

**1**

| : | 8 | |
|---|---|---|
| **16** | 2 | 2 · 8 = |
| 17 | 2 R 1 | 2 · 8 + 1 = |
| 19 | R | |
| **24** | | |
| 29 | R | |
| 30 | R | |
| **40** | | |
| 43 | R | |
| **64** | | |
| 69 | R | |

**2**

| : | 9 | |
|---|---|---|
| **54** | 6 | 6 · 9 = |
| 56 | 6 R 2 | 6 · 9 + 2 = |
| 62 | R | |
| **45** | | |
| 48 | R | |
| 50 | R | |
| **63** | | |
| 71 | R | |
| **72** | | |
| 76 | R | |

**3**

34 + ___ = 60
60 − 34 = ___

27 + ___ = 50
50 − 27 = ___

46 + ___ = 75
75 − 46 = ___

**4**

86 − ___ = 30
86 − 30 = ___

73 − ___ = 51
73 − 51 = ___

95 − ___ = 74
95 − 74 = ___

**5**

20 + ___ = 99
99 − 20 = ___

15 + ___ = 67
___

30 + ___ = 66
___

**6**

86
44 | ___
24 | ___ | ___
___ | 10 | ___ | ___

**7**

___
___ | ___
___ | ___ | ___
___ | ___ | ___ | ___



**4** Tauschaufgaben
Erfinde selbst eine Aufgabe.

| A | D | E | F | G | I | L | M | N | R | T | Ö | ß |
|---|---|---|---|---|---|---|---|---|---|---|---|---|
| 5 | 9 | 16 | 18 | 24 | 36 | 40 | 55 | 56 | 72 | 75 | 79 | 81 |

| | | |
|---|---|---|
| 55 − 0 = | 3 · 8 = | 40 − 0 = |
| 45 : 9 = | 72 · 1 = | 44 − 28 = |
| 7 · 8 = | 56 + 23 = | 36 + 36 = |
| 72 : 8 = | 9 · 9 = | 50 : 10 = |
| 8 · 9 = | 93 − 18 = | 3 · 6 = |
| 18 + 18 = | 90 − 74 = | 35 − 17 = |
| 76 − 36 = | 35 : 7 = | 4 · 4 = |
| 5 · 8 = | 10 · 4 = | 18 + 38 = |

Der ________ ist nach

den Menschenaffen der ______

_____ _____.

**1**

| | | | | | | | | | | | | |
|---|---|---|---|---|---|---|---|---|---|---|---|---|
| 0 | 7 | 14 | | | | | | | | | 77 | 84 |

**2**

0 · 7 = ___ 7 · 0 = ___

1 · 7 = ___ 7 · 1 = ___

2 · 7 = ___ ___

3 · 7 = ___ ___

4 · 7 = ___ ___

5 · 7 = ___ ___

6 · 7 = ___ ___

7 · 7 = ___ ___

8 · 7 = ___ ___

9 · 7 = ___ ___

10 · 7 = ___ ___

**3**

1 · 7 = ___

2 · 7 = ___

4 · 7 = ___

0 · 7 = ___

3 · 7 = ___

6 · 7 = ___

5 · 7 = ___

10 · 7 = ___

9 · 7 = ___

8 · 7 = ___

7 · 7 = ___

**4**

70 = ___ · 7

35 = ___ · 7

14 = ___ · 7

28 = ___ · 7

56 = ___ · 7

21 = ___ · 7

42 = ___ · 7

49 = ___ · 7

0 = ___ · 7

7 = ___ · 7

63 = ___ · 7

**5**

___ + 63 = 84
84 − 63 = ___

___ + 35 = 63
63 − 35 = ___

___ + 47 = 99
99 − 47 = ___

**6**

___ − 78 = 21
21 + 78 = ___

___ − 56 = 14
14 + 56 = ___

___ − 37 = 49
49 + 37 = ___

**7**

___ + 27 = 99
99 − 27 = ___

___ − 14 = 35
___

___ + 0 = 77
___

**1**

| : 7 | 7 | 14 | 21 | 28 | 35 | | | | | 70 | · 7 |
|---|---|---|---|---|---|---|---|---|---|---|---|
| | 1 | | | | | 6 | 7 | 8 | 9 | | |

**2**

70 : 7 = 10    70 : 10 = 7

35 : 7 = ___    35 : ___ = 7

21 : 7 = ___    21 : ___ = 7

63 : 7 = ___

14 : 7 = ___

28 : 7 = ___

56 : 7 = ___

7 : 7 = ___

49 : 7 = ___

42 : 7 = ___

**3**

42 = 6 · 7    42 : 7 =

28 = ___ · 7    28 : 7 =

56 = ___ · 7    56 : 7

0 = ___ · 7

49 = ___ · 7

35 = ___ · 7

63 = ___ · 7

14 = ___ · 7

7 = ___ · 7

21 = ___ · 7

**4**

7   8   ___

7 · ___ = ___

___ · ___ = ___

___ : 8 = ___

___ : ___ = ___

**5**

28   ___   4

___ : ___ = ___

___ : ___ = ___

___ · ___ = ___

___ · ___ = ___

**6**

___   ___   ___

**1**

| | | | | | | | | | | | | |
|---|---|---|---|---|---|---|---|---|---|---|---|---|
| | 5 | 10 | 15 | | | | | | | | 55 | 60 |
| + | 2 | 4 | 6 | | | | | | | | 22 | 24 |
| = | 7 | 14 | | | | | | | | | 77 | 84 |

**2**

| · | 5 | 2 | |
|---|---|---|---|
| 1 | | | 1 · 7 = 7 |
| 2 | | | 2 · 7 = 14 |
| 4 | | | 4 · 7 = 28 |
| 8 | | | |
| 0 | | | |
| 5 | | | |
| 10 | | | |
| 3 | | | |
| 6 | | | |
| 9 | | | |
| 7 | | | |

**3**

| : | 7 | |
|---|---|---|
| **14** | 2 | 2 · 7 = |
| 16 | 2 R 2 | 2 · 7 + 2 = |
| 19 | R | |
| **35** | | |
| 36 | R | |
| 41 | R | |
| **56** | | |
| 60 | R | |
| 61 | R | |
| **42** | | |
| 45 | R | |

**4**

| | | |
|---|---|---|
| | | |
| | | |
| 14 | 7 | 28 |

**5**

| | | |
|---|---|---|
| | 92 | |
| 40 | | |
| | 16 | |

**6**

| | | |
|---|---|---|
| | 70 | |
| 28 | | |
| | | 21 |

**7**

zusammen

# Der 6. Rechenmeister

**1**
40 + 30 =
70 − 50 =
30 + 6 =
90 − 8 =

**2**
52 + 7 =
84 + 5 =
48 − 6 =
99 − 8 =

**3**
46 + 12 =
65 − 13 =
74 + 16 =
87 − 17 =

**4**

| · | 10 | 2 | |
|---|---|---|---|
| 2 | | | 10 |
| 5 | | | |
| 7 | | | |
| | 30 | | |

**5**

| · | | 6 | 3 |
|---|---|---|---|
| 10 | 40 | | |
| 8 | | | |
| | | 0 | |
| 3 | | | |

**6**

| · | 8 | 9 | |
|---|---|---|---|
| 5 | | | 35 |
| 9 | | | |
| 6 | | | |
| | | | 14 |

**7**
8 : 2 =
30 : 5 =
16 : 2 =

**8**
36 : 4 =
15 : 3 =
42 : 6 =

**9**
27 : 9 =
32 : 8 =
56 : 7 =

**10**
56 : 9 = R
43 : 5 = R
14 : 3 = R

**11**
34 : 6 = R
13 : 4 = R
37 : 7 = R

**12**
76 : 8 = R
55 : 7 = R
70 : 9 = R

**13**

| − | 20 | | 57 |
|---|---|---|---|
| 57 | | 7 | |
| 82 | | | |

**14**

| + | 30 | 36 | 48 |
|---|---|---|---|
| | 63 | | |
| 48 | | | |

**15**

| − | 50 | 65 | 75 |
|---|---|---|---|
| 100 | | | |
| 73 | | | |

Du hast von 84 Aufgaben richtig gelöst.
Urkunde zum Ausdrucken → www.mbverlag.de/urkunde2

1

| | | | | | | | | | | | |
|---|---|---|---|---|---|---|---|---|---|---|---|
| 90 | 4 | 85 | 8 | 80 | 12 | 75 | | | | | 24 |

2

| | | | | | | | | | | | |
|---|---|---|---|---|---|---|---|---|---|---|---|
| 12 | 12 | 20 | 20 | 28 | 28 | | | | | | 52 |

3

| | | | | | | | | | | | |
|---|---|---|---|---|---|---|---|---|---|---|---|
| 85 | 75 | 66 | 58 | 51 | | | | | | | 30 |

**Rechne zu jeder Aufgabe die Kontrolle (K).**

4 17 : ___ = 5 Rest 2 K: ______

42 : ___ = 5 Rest 2 K: ______

53 : ___ = 7 Rest 4 K: ______

74 : ___ = 7 Rest 4 K: ______

5

| · | | 3 | |
|---|---|---|---|
| 4 | | | 36 |
| | | 27 | |
| | 56 | | 72 |

6

| − | | | |
|---|---|---|---|
| | | 72 | |
| 99 | | 99 | 80 |
| 85 | 77 | | |

7

| + | | | |
|---|---|---|---|
| 17 | 60 | | |
| 36 | | 72 | |
| 42 | | | 61 |

**+, − oder · ?**

8

| ○ | | 9 | |
|---|---|---|---|
| | | 45 | 20 |
| 7 | 14 | | 28 |
| | 8 | | |

9

| ○ | 16 | | |
|---|---|---|---|
| | | 90 | |
| | 32 | | 70 |
| 54 | 70 | 84 | |

10

| ○ | | 15 | |
|---|---|---|---|
| | | 75 | |
| 72 | 32 | | |
| | | 30 | 0 |

# Der große Knobelmeister

**1**

| | | | | | | | | | | | |
|---|---|---|---|---|---|---|---|---|---|---|---|
| 100 | 6 | 90 | 12 | 80 | 18 | | | | | | 36 |

**2**

| | | | | | | | | | | | |
|---|---|---|---|---|---|---|---|---|---|---|---|
| 2 | 50 | 4 | 55 | 8 | 60 | 16 | | | | | 75 |

**3**

| | | |
|---|---|---|
| · | 7 | |
| | 21 | |
| 6 | | 54 |
| | | 36 |

**4**

| | | | |
|---|---|---|---|
| − | 9 | 22 | |
| | | 30 | |
| | | 16 | |
| | | 0 | 10 |

**5**

| | | |
|---|---|---|
| ◯ | 8 | |
| | 3 | |
| 40 | 5 | 10 |
| | | 8 |

**6** 57 + 39 = ☐

**7** 25 + 48 = ☐

**8** 39 + 43 = ☐

**9** 72 − 59 = ☐

**10** 94 − 79 = ☐

**11** 66 − 48 = ☐

**12**

| | | | | | | | | | | | |
|---|---|---|---|---|---|---|---|---|---|---|---|
| 11 | 16 | 14 | 19 | 17 | 22 | | | | | 26 | |

**13**

| | | | | | | | | | | | |
|---|---|---|---|---|---|---|---|---|---|---|---|
| 1 | 2 | 4 | 7 | 11 | | | | | | | 67 |

**14** 63 + ☐ = ☐ − 20

63 + ☐ = ☐ − 20

**15** ☐ − 13 = 48 + ☐

☐ − 13 = 48 + ☐

**14** und **15** Selbst passende Zahlen finden. Es sind verschiedene Lösungen möglich.

Du hast ☐ von 51 Aufgaben richtig gelöst.

Urkunde zum Ausdrucken → www.mbverlag.de/urkunde2

# Inhaltsverzeichnis




Bildquellenverzeichnis:
Seite 9: Eisvögel © www.fotolovci.sk – stock.adobe.com; Seite 25: Pfeilgiftfrosch 1 © Frank Cornelissen – stock.adobe.com, Pfeilgiftfrosch 2 © Frank Cornelissen – stock.adobe.com, Regenwald Blätter © hanohiki – stock.adobe.com (Fotomontage); Seite 39: Schillerfalter © faunuslsd – stock.adobe.com, Eichenblätter © New Africa – stock.adobe.com (Fotomontage); Seite 52: Clownfische © anake – stock.adobe.com; Seite 65: Schnecke © nature picture library / Ingo Arndt – mauritius images; Seite 77: Mandrill © perpis – stock.adobe.com

Bestell-Nr. 2507-55 · ISBN 978-3-619-25755-3



www.mildenberger-verlag.de
E-Mail: info@mildenberger-verlag.de
Auflage 4 3 2 1
Jahr 2025 2024 2023 2022





| | **Neubearbeitung 2010** | **Überarbeitung 2022** |
|---|---|---|
| AutorInnen: | Karl-Heinz Keller | Nina und Hendrik Simon |
| Redaktion: | Katja Weber | Sebastian Tonner, Frank Mildenberger |
| Layoutkonzeption: | tiff.any GmbH, Berlin | Mildenberger Verlag GmbH |
| Gestaltung und Satz: | tiff.any GmbH, Berlin | Mildenberger Verlag GmbH |

Illustrationen: tiff.any GmbH, Mario Kuchinke-Hofer, Berlin
Druck: Linsen Druckcenter GmbH, 47533 Kleve
Gedruckt auf umweltfreundlichem Papier.